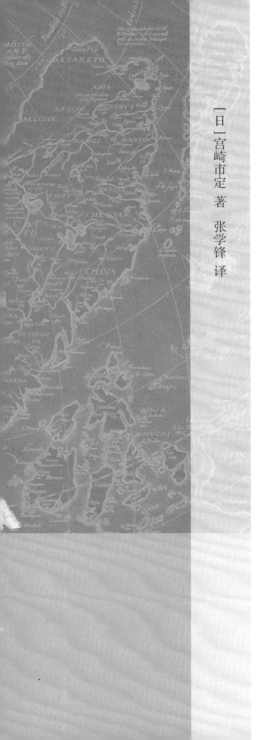

宫崎市定亚洲史论考

[日]宫崎市定 著

张学锋 译

东洋的近世

图书在版编目(CIP)数据

东洋的近世／（日）宫崎市定著；张学锋译. —上
海：上海古籍出版社，2018.5
（宫崎市定亚洲史论考）
ISBN 978−7−5325−8809−1

Ⅰ.①东… Ⅱ.①宫… ②张… Ⅲ.①中国历史—研
究—宋代—清代 Ⅳ.①K244.07

中国版本图书馆 CIP 数据核字(2018)第 076642 号

宫崎市定亚洲史论考
东洋的近世
［日］宫崎市定 著
张学锋 译

上海古籍出版社出版发行
（上海瑞金二路 272 号 邮政编码 200020）
（1）网址：www.guji.com.cn
（2）E-mail：guji1@guji.com.cn
（3）易文网网址：www.ewen.co
苏州市越洋印刷有限公司印刷
开本 850×1168 1/32 印张 4 插页 5 字数 79,000
2018 年 5 月第 1 版 2018 年 5 月第 1 次印刷
ISBN 978−7−5325−8809−1

K・2471 定价：34.00 元
如有质量问题,请与承印公司联系

前言

　　流经日本桥下的水与泰晤士河相通;①江户汉子吸进去的空气,有巴黎姑娘呼出来的气息;柏林的问题,与朝鲜的三八线在本质上是一致的。在学术研究中,要想理解世界历史,那么,最终的关键似乎正藏匿在东洋史中。如果想真正探究西洋史的意义,那么,对东洋的理解则必不可少。

　　长期以来,人们在思考世界史的发展体系时,动辄以西洋为主体,将东洋视为附属。这种立场必须从根本上加以纠正。东洋,不应是通过西洋的眼睛眺望到的存在,而应该放在与西洋对等的位置上来看待。这个道理谁都明白,但一旦做起来却极不容易。即使在那些纯粹的研究中,这个道理也一而再、再而三地被抛之脑后。

---

①　日本桥,位于日本东京都中央区北部,是江户时代五大驿道的起点,桥中央有通往全国各地的里程路标。

如果仅限于世界史的立场,也不可能形成"近世"这样的概念。只有将西洋和东洋放在对等的位置上进行比较以后,才能产生这一新的概念。将西洋的近世概念就此用在东洋的研究上,同样是不科学的。西洋史研究者如果无法克服西洋史的视角,东洋史研究者如果仅抱着东洋史不放,那么,真正的世界史研究是无法产生的。一些被认为是世界史的研究,实际上不过是把西洋史和东洋史这两本书合为一本而已。

如果将金发碧眼看成是西洋美人的重要标准之一的话,那么,用同样的标准在东洋寻找美人,其结果是可想而知的,那就是根本找不到这样的美人。东洋并不是没有美人,这里有的是乌发黑瞳的美人。我们在重视具体现象的同时,也必须去追寻共通的要素。

历史学家的任务,绝不是为既存的理论补充史实,而在于不断地追求新的理论方法。因此,我们必须去探索向来被视为毫无关系的对象——就本文而言则是西洋和东洋——之间的共性,这意味着必须将质的东西,尽可能还原成量的东西。人类肤色上的差异,绝不是质上的差异,只是色素的多少,即量上的差异。这样想来,平凡的真理其实可以拓展着历史学的研究方向。只有将质的东西还原成量的东西,不同对象之间的比较和评价才有可能进行。

对量的评价,可能是过去的历史学研究中最缺失的一点。都市国家也好,古代帝国也好,封建诸侯也好,阶级构造、社会组织也好,如果单纯从这些理论去探索历史的话,有很多现象其实是没有办法说清楚的。因此,在许多场合下,从量上来观察是必不可少的。越是想站在世界史的广阔视野上来看待世界史,就越会感觉到量所具有的重要意义。

一个历史地域的形成,绝对的量是必不可少的要素。以中国为中心的东洋,之所以能够长期保持着独特的文化传统,不用说,这是量的威力在起着关键的作用。

就拿汉字来说,几千年来使用这种兼具象形和表音双重性质的文字的地域,在世界史上是极其罕见的。从这一点上来说,中国文化确实是一种特殊的文化。但是,西方在表音文字完全定型之前,也曾经使用过像汉字那样兼具象形和表音双重性质的文字,只是使用的时间非常短暂,而中国在长达数千年内一直使用着这样的文字,两者的区别仅在于时间的长短。

这种不发达的文字使用了数千年,究其原因,在于中国的地理位置距离世界的中心过于遥远了。中国文化,不管怎么说是乡村文化。在这种文化中,面对世界这座华丽的舞台,没有什么可以拿出来轰动世界、成为世界通则的。尽管是乡村,中国文化却取得了意想不到的进步与发展,而支撑这一文化持续发展的根本因素,不用说就是量的威力。只是,这种量上的威力也不时地给中国带来不幸,这就是冥顽的保守主义与固陋的尚古主义。其实,几乎所有的现象都可以用它与世界其他地域的相对位置,以及量的关系进行说明。

　　读者可以参考一下本书所附的年表。从年表中可以看出,西洋史与东洋史的差异中,有一点表现得比较明显:西洋的近世只持续了数百年,历史随即步入了近代史,①而东洋的近世则延续了近千年,历史的发展处于停滞状态。本书的意图就在于说明这一事实。本书是在大学讲课笔记的基础上完成的,写完以后再回过头来看,讲义的痕迹尚未完全褪尽,甚至还有些词不达意的感觉。关于这一些,只能有待今后从世界史发展体系的根本问题出发,进一步完善再版了。

　　最后想说明的是,本书阐述的问题,有不少是对先师内藤湖南博士所倡高论的祖述。

宫崎市定

1950 年 10 月

---

①　近代,原著使用"最近世"一词,参考原著所附《世界史年表》欧洲历史部分,"最近世"的起始在欧洲工业革命及法国资产阶级革命前后,译文统一用"近代"一词。

世界历史年表

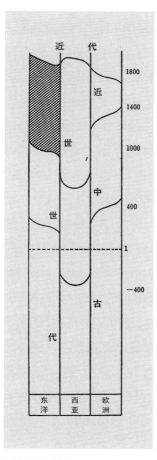

* 世界历史远比本年表所示复杂得多
* 本书的主要内容是对表中斜线部分的说明

绪论 东洋近世史的意义

　　把整个历史时期分成古代史、中世纪史和近世史这三个时期,①即所谓的历史时期三分法,首先在西洋史的研究中得以确立,现已基本被大家接受,似乎没有太多的异议。不过,这种思维方式是否同样适用于西洋以外的世界,却有很多不同见解。

　　不用说,欧洲是世界整体中的一个特殊地域。把对特殊地域历史发展模式的理解,原封不动地应用于其他地域,自然会伴有很大的危险。不过,既然我们已经采取了将特殊事物尝试应用在一般事物上的态度,那么,所谓特殊事物实际上已经不再特殊,我

---

① 近世,原指与现在相近的以往的那个时代,即近代,是日本学界使用的历史分期概念。原著中"近世"有广义和狭义两种用法。广义的近世指中世纪终结至现代之间的历史时期,狭义的近世则指中世纪终结至工业革命、资产阶级革命之间的历史时期,而工业革命以后至现代这一时期,则用"最近世"来表述。本文标题《东洋的近世》原意为"具有东方特征的近世",探讨的内容,以中国历史为例,是指宋代到清代的历史,就涉及的欧洲历史而言,主要是指文艺复兴至工业革命之间的历史,是"近世"的狭义用法。因国内通行的说法将英国资产阶级革命以后的历史视为欧洲近代史、鸦片战争以后的历史视为中国近代史,为避免歧义,本译径用"近世"一词,而"最近世"或与"近代化"等概念相关的部分则译作"近代",以示区别。

们只是将它当作一个一般性的样本来对待。从而,古代、中世纪、近世,不同的历史阶段所具有的意义,必须从欧洲史以外的立场上加以重新探讨,并且在不得已时还必须作出若干修正。

当我们试图从具有特殊性的事例中抽出具有一般意义的共性时,与精神上的东西相比,重心更应该放在对现象的剖析上,这是理所当然的事。既然强调一般意义,那么,相互之间的比较就成为前提,从而,把握可以具体把握的现象,应该成为我们的首要问题。

如果从最显而易见的现象去阐明欧洲历史中的古代史、中世纪史、近世史的不同特征的话,那么,所谓古代,就是希腊、罗马这样的分散的城邦国家群逐渐统一,形成罗马帝国大一统局面的过程;中世纪就是这个大一统局面的破裂至封建分裂相继的时代;近世则是重新走向统一的时期。可以说,统一、分裂、再统一,这就是区分欧洲历史上古代、中世纪、近世即所谓“三分法”的基础。

也许这样说会受到看问题过于流于表象的非难,但问题是要看在这个表象的背后,是否能找到强有力的史实依据。统一或者分裂,难道真是一种不带任何必然性的偶然现象吗?

我们不妨以古代史上趋于统一的现象作为例子来进行分析。拥有优秀文化的古希腊各城邦国家,最终却未能实现大一统的局面,究其原因,并不是不想统一,而是无法统一。像雅典那样著名的城邦国家,虽然一时间已经显露出了形成庞大的海上帝国的迹象,但局势在短时期内发生逆转,最终走向崩溃,这显示了希腊文化的局限性。与此相反,罗马共和国之所以能够统一地中海沿岸,当然,其拥有强盛的武力这一点是毋庸置疑的,但这种武力的形成却不是偶然的,也不是单纯的。固然,在具体的武器和战术方面,罗马人并不比希腊人有多大的进步,但不容忽视的是,罗马人引进了不见于希腊的骑兵战术,并使其在战争中发挥了重大的作用。不仅如此,罗马人之所以能够实现希腊人未能实现的目标,与物质文化的发达同步而上的,还有远远超出希腊人的精神上的因素,这就是组织能力。他们凭借这种优秀的组织能力,动员了历史上空前的力量。这里似无必要到史书中去寻找史料,比较双方军队和军舰的数量,只要比较一下罗马与希腊的遗迹就可一目了然,罗马的遗迹无论在质还是量上,都远远超出希腊。

罗马人的这种组织能力来自何处? 希腊人只有各自的都市法,而各都市法在彼此的摩擦中,让希腊全民族的活力消耗殆尽。而同样是从都市法出发的罗马人,最终却把它发展成为世界法。单靠罗马一个城市的市民的力量,意大利半岛的统一大概是无法实现的;单凭拉丁同盟的力量,想要称霸地中海大概也是不可能的;仅依靠意大利人的力量,罗马大帝国的维持同样也是不可能的。将罗马的市民权推广到被征服地区,这才是罗马式统治获得成功的原因。或许这种思想早在希腊时期就已经出现,但将之付诸实施的却是罗马人。

统一语言相异、习俗有殊、地理条件各不相同的广大地域,原本就不是一件容易的事。对民众来说,生活在对立的时代有对立时代的痛苦,但在大一统的局势下也并不是没有难处。因此,不论何时何地,要求统一的向心力和希望分裂的离心力必然同时在起着作用,即使是在大势趋向统一的时期,并不是说没有任何抵抗统一就能实现。所谓统一,是社会表现出来的向心力压倒了形形色色的离心力的结果。一旦实现了统一,向心力便开始衰退,相反,离心力的作用则日益增强,这就是中世纪。

　　罗马的大统一,无论是外延上还是内涵上都具有一定的局限性。罗马虽然成功地征服了地中海沿岸,但却无法进入东方的美索不达米亚地区,对北方日耳曼世界的征服也告失败,这暴露了它外延上的局限性。内涵方面同样也存在着问题。罗马帝国领土上的人民,纵然在法律上具备了罗马市民的身份,但文化上却没能实现罗马化,以至很难产生真正意义上的罗马国民的自觉意识,这就是分裂的因素无时不在的原因。罗马帝国东西分治,并且设置四县进行管理等做法,都是帝国从内部防患于未然的安全阀。但是,危机还是从外部开始了。由于日耳曼民族的入侵,罗马帝国在外形上受到破坏的同时,内部的分裂也随之而来。欧洲历史自此进入了带有割据性质的中世纪时期。

　　如果单从统一的角度去看问题,中世纪的历史很明显是倒行逆施。但是,罗马帝国领土上的人民,如今可以脱掉统一的华美外衣,摆脱限制自由的桎梏,按照各自的地形特征及历史传统,与帝国决绝,形成各自的封闭性的小世界。分裂以后,大统一时期不可能实现的社会再编和重组,以小地域为单位得以实施。土地的开发,宗教教育的普及得到了强化。资本不再外流,财富在各地积累。更重要的是,在新的形势下,罗马世界与日耳曼世界的尖锐矛盾因此得以消弭,作为一个整体,欧洲世界逐渐形成。中世纪自有其自身的历史发展过程,这一历史发展过程的特征就是,它不在于对外放射光芒,而在于面向内部,慢慢地积累自己的实力。

当然,中世纪的分裂割据状态也会造成相应的弊端。在分裂割据的状态下,始终潜伏着地域之间因利害冲突而经常发展成武力争斗的危险,这种危险又因当时统治阶级之间的封建制度而日趋严重。这种形势因此后都市商人势力的兴盛逐渐发生改变,人性开始觉醒,人们试图把自己从封建的束缚中解放出来,于是出现了文艺复兴,出现了宗教改革,欧洲历史的发展进入了近世史的阶段。

都市财富的不断增长,还发挥了另外一个更重要的作用,这就是民族主义(nationalism)的勃兴。由于中世纪式的分裂,人类原本该有的自由活动范围受到了大大的限制,这种不自由促使人们追求更大的统一。民众的这种希望与帝王的政治野心不谋而合,民族主义运动因此兴起。原本作为封建势力核心的帝王,在进入近世以后,之所以能担当起摧毁封建制度的重要角色,成就了民族的统一,原因就在于帝王与都市财富的直接结合。封建武士之间的小规模竞争,变成了具有近代火器装备的大部队决战,具有割据性质的地方政权,在强大的中央政权面前逐个消失。在

5

统一过程中,社会中间势力的消失在这里也起到了重要的作用。

民族主义当然是以既有的民族为基础的,但这不仅要统合既存的民族势力,更必须牺牲那些处于中间的少数势力,并将他们吸收。以法国为例,现在的法国国民并非同一民族,单从语言上来看就可以发现,至今依然包含着布列塔尼语、巴斯克语这一类的异质成分。尽管如此,法国成功地将他们融合在了一起,最终形成了大法兰西民族的自觉意识。在德国,事情却没有这么简单了。像旧奥地利帝国那样,表面看上去似乎形成了一个国家的国民,但其领土内的斯拉夫系各民族,并没有达到愿意牺牲自己固有的民族意识,去造就一个大奥地利帝国国民的地步。但事情又不尽然,在瑞士,尽管国民是由使用意大利语、法语、德语等语言的民族组成,但却能够结成一体,完全形成了瑞士国民的自觉意识。成功与否虽然各不相同,但是,以民族的自觉意识为基调,克服旧有的民族观念,共同去造就一个大的国民意识,这一理想,在从中世纪的分裂走向再统一的近世史的发展过程中,扮演了重要的角色。

欧洲历史上三个不同时代的基本概念,大致如上所述。然而,这个时代观怎样才能应用于其他地域呢? 这里应该注意的是,历史性的地域和地理性的地域是不同的。说得极端一些,地理性的地域,即使没有人类栖息,但只要有自然界的存在便可以成立。然而,历史性的地域则不仅需要有人类的栖息,而且人类还必须在其中推动了历史的发展。人类社会的历史发展,不用说是以某个地理性的地域为舞台的,但未必一定要和地理性的地域一致。换句话说,历史性的地域,无法打开地图就能看得出来,必须探求其历史发展过程才能看得清楚。

站在这个立场上去探求历史性的地域,首先可以数出的有西南亚的波斯和伊斯兰世界,以及以中国为中心的东洋世界,然后还可举出印度和日本。或许也可以把印度归入西南亚,称其为西亚,将日本和中国合在一起,称其为东亚,只是目前学界没有一个统一的名称。

东洋古代史的发展,始自春秋时期都市国家的割据,经战国时期的小统一,迈向了秦汉大帝国的全盛时期。在这一时期内,主流是由割据走向统一。

可与罗马帝国比肩的汉帝国,在可与日耳曼雇佣兵并提的北方民族军阀势力掀起的漩涡中风雨飘摇,直至灭亡。三国以后,地方分权的倾向日益显著。西晋的短暂统一,再次因北方民族的入侵而告终,中国历史进入了南北朝的长期分裂时代。这个分裂不单是中国南北的分裂,社会内部也出现了很强的割据倾向,这就是地方豪族对土地的占有。经济上的割据,有时发展成为一种政治的割据,以致内乱频仍。豪族们以这种具有割据性的地方势力为舞台,但却没有采用封建制的形式,个中理由,在于这些豪族非常聪明,他们懂得如何最合理地利用自己掌握的实力。这就是,当时最基层的乡里的豪族代表构成了县政府,县一级的豪族构成了州政府,州一级的豪族进入中央,构成了中央政府。地方长官虽然由中央政府推戴的军阀天子来任命,但这些长官依然是豪族的代表,豪族之间彼此承认既得权益,努力保全自己的阶级利益。纵然没有采用封建制的形式,但却因为采用了封建性的身份制度,地方豪族不仅可以将财产传给子孙,还可以将自己的社会地位传给子孙,实现世袭。从背面看豪族是地方上的土豪,从正面看却是官僚性贵族,这一点,与欧洲中世纪的封建制几乎没有什么两样。

　　具有分裂割据倾向的东洋中世纪,有时亦出现表面上的大一统时代,这就是隋唐王朝,但这并不是汉民族社会向前发展的必然结果,而是侵入中原的北方民族大团结的结果。这恰好与查理曼大帝对中世纪欧洲的统一并非罗马帝国的向前发展,而是入侵的北方日耳曼民族大一统的轨迹相同。不过,唐王朝的势力远远超出汉代的版图,实现了更大的扩张,相对而言,查理曼大帝的势力,最终都没有能够覆盖旧罗马帝国的全境,这是两者之间的差别。唐王朝的盛世也没有能够长期延续,到了中叶以后,离心的割据势力再度抬头,中世纪的色彩再次变得浓厚。到了五代,中国社会迎来了彻底的大分裂,连一向保持着统一的江南地区,也出现了历史上第一次也是最后一次的大分裂。中世纪的分裂达到极点以后,再统一的机运也出现了,随着宋朝的统一,东洋的近世也随即开始。

　　宋朝对中国的统一,武力取胜自不待言,但其对经济力量的依靠也是不可小视的。统一实现以后,为了维持政权的运作,对国内的盐、茶、矾、铜等重要商品实行官营或专卖,通过这种方式强化对商业的统制。食盐的专卖虽然早在唐代中期已经开始,但当时唐王朝已趋于衰败,食盐的专卖未能发挥充分的效果。作为统一王朝,一开始就以商业统制为手段君临万民,巩固中央集权,这是从宋朝开始的。以经济为重心的中央集权制在宋朝取得了成功,成为以后历代王朝牢固不破的基础,中世纪屡见不鲜的帝位篡夺现象也不再出现。

政府对商业的统制,一方面看起来是对自由企业的压迫,但从另一个角度来看,却意味着对商业的保护。这就是说,参与到官府经营中去的商人,他们的利润可以得到一定的保障,至少在交通运输方面,可以期待政府给予武力保护,从而保证道途上的安全。作为官道而发展起来的运河网,同时也向普通民众开放,这大大促进了国内商业活动的发展,都市的财力日益显现。可以看到,以都市的发展为背景,文化也取得了长足的发展。同时也可以看到,一种文艺复兴、一种宗教改革也在进行之中,伴随着科学思想的发展,人性的自觉意识也开始萌发。

成为经济统一体、新文化快速普及的中国社会,国民的自觉意识也日益显著。与中国社会的这种变化发展并行,中国周围的各民族也出现了民族主义的迹象。在东洋,以民族或国民为单位的国际关系很早便已出现,并非初见于宋代。只是到了宋代以后,这种关系呈现出了一种特殊的表现形式,这就是彼此之间因强烈的自觉意识而产生了民族主义的对立。宋以后的汉族王朝,并不是像中世纪那样亡于他人的篡夺,而是亡于对立的异民族的民族主义。宋朝、明朝都是例子。宋代以后,再也见不到公主降嫁和亲的事例。由于王朝不再是一家的私有物而成为民族的象征,因此,中国帝室与外国王室的和亲再也不具有政治意义。民族主义相互对立的结果,让中国民族的团结屡屡遭受破坏,强大的异民族王朝把国境线不停地向中国领土内推进。辽朝对燕云十六州汉人的统治,金朝占领淮河以北、黄河沿岸,与南宋长期对峙,这些都是实例。到了元朝,更是吞并了全中国,建立了历史上空前的大帝国。不过,北方民族建立的王朝,其民族主义却始终无法同化管制下的汉族,从而形成新的国民,相反,无一例外因受到文化先进的汉族的反击而自陷灭亡。元朝以后,清朝入关代替了明王朝,不仅控制了明朝的全版图,而且几乎恢复到了元代最盛时期的疆域。尽管如此,清朝依然不具备让满、汉、蒙、回、藏等民族产生共同的国民意识的能力。

以宋代为界,对东洋的近世与中世进行分期,这似乎没有人提出过异议。不过,一旦将宋代以后的历史发展阶段命名为"近世",一下子表示无法赞同的人却不少。而表示无法赞同的出发点,似乎只是看到了欧洲近世史的特殊性,却丝毫没有考虑过欧洲近世史所具有的普遍意义。要改变这种顽固的立场非常不容易。另外,还有些人为否定东洋的近世而提出的有关欧洲近世史的概念,实际上与我所指的近世在内容上大不相同,为了避免误解,不得不在此作个说明。

欧洲的近世史，一般是指文艺复兴以后的历史。但企图否定东洋的近代化特征的论者，特地将欧洲近世史严密地界定在工业革命以后的资本主义隆盛时期。假如将欧洲文艺复兴的开始定在公元 1300 年，在其后的两百余年间，发生了宗教改革运动，欧洲变得逐渐富有近世色彩。造纸业、印刷业大盛，开始进口火药，航海技术发达，民族主义勃兴，出现了以法国为首的强大的中央集权国家。这一时期的欧洲，绝不再是中世纪，它只能是近世。把这一时期欧洲的社会状态与宋、元、明、清进行对比，将之同称为近世，我觉得没有什么不可以。

此后，欧洲在公元 1750 年左右兴起了工业革命，继而在 1800 年左右爆发了法国革命。从此，欧洲进入了一个崭新的时代，一个迄今为止在所有地域的历史上均未见过的新时代。欧洲的近世明显地超越了文艺复兴阶段，跃进了一个更高的层次。对于这场变革的意义，与研究欧洲史的人相比，其实站在东洋史立场上的人反而看得更加清晰。东洋史上也有文艺复兴，也有宗教改革，但却没有这两场革命。站在这个立场上，我主张把工业革命以后的欧洲史称作"近代史"，而文艺复兴至工业革命的历史则称其为"近世史"，以资区别。文艺复兴至工业革命之间只有四五百年，西洋史研究者往往很容易疏忽这一段历史的独立性，而欧洲以外的东洋各国很早便到达了这个阶段，只是在其后的一千多年中不停地在原地踏步，始终没有能够飞跃到下一个阶段。

欧洲历史的起步，与西亚或东亚相比都要晚。尤其是现今成为欧洲中心的西欧和北欧,更是后进国家。但经过两次革命以后,成为其他地域的先驱,最早跨入了近代,处于全世界的领导地位,这是他们在极短的时间内完成了近世史这门课程的结果。但是,由于他们从后进国家突然变身为先进国家,地位的急速改变,使得他们在观察其他世界的现状时缺少反省,以现在类推过去,因此产生了种种的误解。不仅如此,甚至东洋人自己看自己的眼光也因此受到了很大的影响。在我们猝然否定比西洋更早迈入近世的东洋之前,请试着站在马可·波罗的位置上看一看元代的中国,或化身为利玛窦,来观察一下中国明代的社会。

一 世界与东洋的交通

　　交通在历史发展过程中所起到的重要作用,过去往往被忽视。翻开历史地图,国境线画得清清楚楚,甚至还用不同的色彩来表示国家的疆域范围,但是,这在我看来几乎是毫无意义的。历史地图如果去掉交通路线的话,我们根本无法从中读出它的历史意义来。例如,万里长城真的有必要一直延伸到那么遥远的西部吗?针对这个问题,答案是简单的。这并不是因为长城西部的南侧居住着很多需要特别保护的汉人,而是因为这一线是中国通往西方的交通大干线,为了保护这条交通路线,长城完全有必要延伸到遥远的西部。沿着长城南侧分布的狭长形沙漠绿洲上,分布着汉人的郡县,保证了汉朝内地与西域诸国(今新疆)之间的交通畅通。

　　宋代,这一地区为独立的西夏王国所占有。西夏虽然是建立于内陆的小政权,但因为它成为这一重要交通路线上的绊脚石,宋朝试图倾全力将其制服，数年之间，战争不断。因此，作为一个小国家，西夏的名字甚至都会出现在一般的中学教科书里，而作为吐蕃这样的大国，它的存在则几乎被人们遗忘，至于立国于云南的大理国，则差不多完全被忽视，而西夏却赫赫有名，这充分显示了交通在历史发展中的重要性。

人类的文化因为交通得以发达。居住在北极的爱斯基摩人，以及南非、澳洲的土著居民，他们的文化都不繁荣。这并不是因为这些地方的自然资源贫乏，而在于他们远离世界的交通大道，被人类的进步所遗忘。人类的文化，说到底是人类全体合作的产物。某个地方的发明，因为交通，成为全人类的共同财富。受到刺激的其他地方，往往又能作出更新的发明。人类文化的发展，虽然有时也会出现一些波折，但总体上是不停向前发展的，这只要看一下纸、火药、罗盘等发明的传播路线便可一目了然。然而，与世界交通疏远的地区，其居民无法均沾人类文化所带来的利益，反而因为文化差距的日益加大，他们在意识上更加抗拒外来文化，从而进一步加深了自身社会的封闭性，与外界的交流变得越发困难。

交通所带来的利益，并不一定是在交换知识以后才产生的。人们对外来的稀奇的东西所产生的惊异和热爱，便足以成为推动历史发展的巨大原动力。南海所产的香料，是如何刺激欧洲人的味蕾，从而激发起他们的勇气，毅然投身于海上航行的？中国的茶叶，是如何受到北方游牧民族的热爱，从而促使他们联合起来，发展成为中国的心腹之患的？难道不正是中国人对玉器的偏好，才激发了他们孜孜以求的精神，终于成功地烧造了坚美如玉的瓷器吗？

说一个地区的文化发展水平与交通的流量成正比，这或许有些言过。但不容置疑的是，一个脱离了对外交通而自我封闭的社会，文化的发展必然出现停滞，难免成为世界的落伍者。只要想一想德川时代日本的锁国政策给我国带来的文化停滞，就可知此言不虚。更有甚者，在这一次的太平洋战争中，虽然孤立的时间只有短短几年，但对我国文化所造成的灾难，堪与德川时代三百年的锁国相敌。

对交通便利的地区来说，要想取得文化的发展，单有物资的流通是不够的。自古以来，处于世界交通要冲的地区，文化不一定繁荣。原因就在于文化是从这儿通过了，但只是通过，并没有在这儿积累起来。文化的发达，不用说是需要舞台的。

草原沙漠地带的游牧民族，他们在文化传播和交通拓展上所起的作用，要比我们平时想象的重要得多，这一点在最近的研究中越来越清晰。但是，他们的文化并不繁荣，究其原因，在于他们没有养成积累的习惯。他们游牧的生活习性与物资的积累难以相容。文化的积累，只有依靠定居的农耕民族才能实现。

文化的积累无法离开物质，只有在物质上有所积累，才能实现文化上的积累。由于分散的积累效果并不理想，因此，为了发挥更大的威力，积累就有必要集中起来。从这一点上来说，在分散的农村,文化的积累并不充分,只有商业密集的都市,才能为文化的积累提供很好的土壤。归根到底,文化的母体是都市。

物质也好,文化也好,其实都是很脆弱的,它们会趋利避害,选择最安全的地方生根发芽。政权所在的政治都市是它们的首选。即使这些地方的自然地理原本对交通来说并不便利,但为了取得政权的庇护,物质逐渐向这里集中,交通路线也因此不得已向这里延伸。条条大路通长安,这就是贯穿东洋古代和中世纪的一般现象。

然而,如果交通发展到一定的程度,因为交通本身的便利,在交通沿线上就会出现大型的商业都市。而当某个地区的经济实力大大提高以后,政权便不得不对之采取特别的保护措施,其中最方便的就是将这些商业都市转变为政治都市。五代北宋时期,中国舍弃了交通不便的长安、洛阳,把都城移向了当时的交通枢纽和商业都会开封。这一举措正反映了这一时代的信息,同时也从一个侧面揭示了宋代社会的近世性质。

从秦汉统一到唐代,中国的都城主要设在长安,间或设在洛阳。长安位于今陕西省的渭水盆地,自古以来,盆地周围的分水岭上就设有四个关口,防御外敌的入侵。所谓的"关中"之地,所恃的是天然的山河之险。此外,还可以找出交通上的理由。当时,世界性的交通干线,通过今新疆天山南路的孔道,贯穿着东亚和西亚,长安则是控扼从西方延伸而来的交通路线进入中国东部大平原的关口。也就是说,长安是对西方贸易的陆港,中国的特色商品首先积聚在这里,然后卖到西方商人的手中,同时,外国进来的商品也在这里卸货,然后转卖到全国各地。

这条横断亚洲大陆的交通路线,从长安伸向更远的东方,经过洛阳,沿黄河出渤海湾,沿中国东北和朝鲜海岸,到达日本的九州北岸。日本民族一开始就充分利用这条交通路线,与大陆之间展开了贸易。

连接东亚和西亚的交通路线,除上述贯穿北方的陆路外,还有南方的海上航路。中国沿海的航路,按理可以通往任何地方,但实际上由于长江以北沿海缺乏良港,海岸离陆地上的聚落相对较远,航海的风险极大,因此长期以来未见有所发展。长江以南的浙江、福建沿海,海岸线比较曲折,可以找到抵挡风波的港湾,并且时有运送大军的记载,可见从古代开始就在一定程度上加以了利用。但大规模的海上交通,则是以广东为起点的南海航路。从广东出发,趁着冬季贸易风的航船,途中在占城沿岸停靠,取得燃料、饮水和粮食的补给,再一路南下,自然可以到达马来半岛的南端新加坡一带。在南海航线上,占城是一个要冲,因此,中国王朝曾屡次从陆上沿海岸线向南扩展领土,企图吞并占城。

从新加坡开始,航路分为两条,转往东南,则经爪哇可以到达香料诸岛。很多中国商船以爪哇为终点,满足于从爪哇人那儿购得商品。

从新加坡转而往西,经马六甲海峡,出印度洋,横渡孟加拉湾,可以到达锡兰岛。中国商船大多在此与印度、波斯及阿拉伯商人交易大宗货物,然后折回,继续往前到达波斯湾口的商船非常罕见。流入波斯湾的有两条大河,底格里斯河和幼发拉底河,溯两河而上,就能与北方的陆路大干线交会。幼发拉底河的西岸就是叙利亚,这里面临地中海,从海岸的任何一个地方都可以出航欧洲。

这样,贯穿亚洲东西的南北海陆两大交通路线,其西端在西亚的叙利亚附近会合,但东端就没有这么简单了,这是由中国的地形决定的。尽管中国拥有广阔的平原,但其主要的河流均为东西流向,这有利于东西之间的交通,但南北的交通却受到阻碍。由长安往广东,必须数次横渡宽广的大河,翻越横亘这些大河流域的高山峻岭。

为了消除这样的不便,中国自古以来就尝试着在平原上开凿运河。大河从西往东流,在这些大河下游的平地上开凿南北向的运河,并不是一件特别困难的事。古运河在中国各地早就存在,隋炀帝对之进行了大规模的整治,使之成为系统性的大运河。这个水路网络,北自白河,贯通了黄河、淮河、长江,直达南方的钱塘江口。

史上罕见的暴君隋炀帝留下的遗产大运河对后世的恩惠,不应该只从中国历史的角度评价它,它在促进中国内部交通的同时,还将横断亚洲的南北海陆两大干线的东端贯通了起来,这是一项具有世界史意义的伟大事业。正是因为大运河的开通,从此,从长安出发沿黄河而下先达开封,在这里换乘进入运河,可直达钱塘江口杭州,再沿浙江、福建海岸南下,不必冒太大的危险就可以到达广东。中国从此不再是东西交通路线终点的死胡同,而成为世界循环交通路线中的一环。在大运河开始发挥作用的唐代,西方的阿拉伯(大食)人、波斯人的目的地不再是单纯的长安或广东,他们来到长江与运河交汇处的扬州,在这里建立起了繁华的居住地,从事商业活动,人数据称有数千人之多。

不过,我们在强调大运河的世界史意义时,并无意看轻它给中国带来的影响,受大运河影响最大的,不用说是中国自己。

唐代正值西亚信奉拜火教、具有中世纪特征的波斯王朝趋于灭亡,信奉伊斯兰新宗教的大食人兴起的时期。信仰拜火教的波斯王朝,将西亚中世纪的贵族文化推向了顶峰,相对而言,新兴的阿拉伯人掀起的伊斯兰运动是一种宗教改革。最终,象征着阿拉伯势力大获全胜的阿拔斯王朝,在底格里斯河畔的巴格达建都,致力于吸收和翻译古老的希腊、波斯、印度等各种文化,社会很快呈现出了令人目眩的文艺复兴现象。新兴的伊斯兰文化在本质上具有极其浓厚的近世色彩。而国土被阿拉伯人侵占了的波斯贵族及其民众,不甘处于阿拉伯人的统治之下,很多人通过陆路或海路亡命到了中国。不久以后,作为征服者的阿拉伯人也接踵而来,进入中国。中国将他们分别称为波斯人和大食人,又合称其为胡人。

胡人善于经商,他们在中国的活跃令人惊讶。他们没有选择像中国近世贵族那样成为大土地所有者,而是作为商业资本家积累流动财产。唐人李义山在其《杂纂》的"不相称"篇中罗列了"穷波斯",波斯人中还有穷人,这在当时是难以想象的,可见当时人在谈到波斯时便想起了富人。中国近世兴盛的动产资本,一般可以溯源到唐代,但这种大资本商业的经营方法,似乎是流寓的波斯人传授的。

在唐帝国的统治下,中国国内的市场开发进入了快速的发展阶段,但唐中期以后北方民族的入侵和叛乱,使中国陷入了军阀割据的局面,这种势头也因此受到了顿挫。进入五代以后,长江以南地区不仅与北方分离,而且内部也处于四分五裂的状态,南唐、吴越、蜀、南汉、荆南、楚等政权割据自立。这些国家或者占据了海岸线,或者占据了内陆交通路线的一部分,五代的分裂是交通路线的分裂,同时也意味着国内市场的分裂。国内市场的分裂也造成了通货的分裂,各国内部的通货以及劣质的铅钱、铁钱等纷纷出现。这种情形阻碍了自由交换经济的发展,这是不争的事实,但在另一方面又对后世产生了有益的影响。五代分裂时期,各国都设定了国界线,过去的国内商业一下子变成了国际贸易,为了实现富国强兵,各国竞相通商,努力振兴产业,开发国内闲置不用的资源,各地特有的产业因此取得了发展。其中最令人瞩目的是蜀地及江南地区制茶业的发展。茶作为中国的特殊商品,长期以来博得了良好的世界声誉,而它的生产及其在经济中的稳固地位,实际上是在五代分裂时期确定下来的。此外,造纸业、制瓷业、杂品杂货制造业等生产出了优良的商品,也都充分呈现出不同地域的特色。

北宋结束了五代十国的分裂局面,政治上的统一,同时也是经济上国内市场的再统一。分裂时期的国际贸易再次还原为国内商业。五代时期混乱的通货经宋朝政府的积极整治得到了完善,除特定地域外,全国的法定货币统一为铜钱和习惯上通用的银块。各地的优良特产经由以运河为大动脉的水路网络贩运到了全国各地。五代时期各国的都城虽然失去了政治都市的意义,但作为商业都市在继续发展,尤其是唐代以来运河沿岸出现的商业都市发展速度更是惊人,财富的不断积累促使了近世文化的发展。这种现象必然会导致宋代社会不得不倾向于一种资本主义式的统治方式。

二　中国近世的社会经济

　　如前所述，宋代社会已经表现出了显著的资本主义倾向，与中世纪社会有着明显的差异。有关这个问题，似乎有必要做一些更加具体的说明。中国古代的政治、经济中心位于西北部的山间地带，亦即今陕西省南部被称作关中的渭水盆地。司马迁在《史记·货殖列传》中对这一带的情况作了如此描述：关中之地，人口虽然只占全国的十分之三，其财力却占到了十分之六。这种说法显然有些夸张，但长安附近的关中之地，其经济实力压倒其他地区，且具有相当的独立性，这一点却是不争的事实。今天看来，陕西省是中国本部十八个省份中物资最为欠缺的一个穷省，然而在古代，像关中这样土地高敞、近乎干燥的山间盆地，是最适宜人类开发利用的。秦汉两朝定都长安，对关中地区的繁荣自然起到了推动作用，但秦汉定都长安，其实是为了依靠关中农业生产资源。秦之所以能吞并六国，背后的原因是关中地区的经济实力；

汉高祖能打败项羽,也得力于关中资源的恩惠。日本也一样,古代的统一中心在大和盆地,说明了大和盆地在古代社会的经济状态下资源最为丰富。

可是到了唐代,关中地区的经济利用价值已经接近极限,随着黄河及长江下游冲积平原的进一步开发,关中农业的相对价值开始显著下降。单靠关中的农业生产,唐政府已经无法供养包括官员、军人在内的都城人口,因此必须仰赖东方的补给,尤其要仰赖长江下游地区生产的稻米,每年经运河漕运北上的稻米数量非常庞大。粮食要依赖江南的输送,而关中的位置又极其不便于漕运。苏州、杭州附近生产的稻米经大运河北运,能够顺利到达运河与黄河交汇处的开封,但由于运河与黄河水位的差异,漕船继续前行则非常困难。若沿黄河上行,途中有砥柱之险;若想避开河水之险,经陆路运往长安,碰到的难题也不在少。相对长安而言,东都洛阳比较接近运河,但洛阳距离黄河河岸也有不少路程,如果利用洛水漕运,同样也因洛水与黄河的水位差异出现诸多不便。唐朝灭亡后,新王朝后梁的都城选择了位于黄河与运河的交汇点开封。以后历代王朝的都城都无法避开运河沿线,原因就在于政治中心日渐受到经济中心、交通中心的牵制。总体上来说,在世界的任何地方,经济中心大抵首先起于内陆,然后逐渐向平地移动,最终到达海岸。欧洲的事例虽然与此相反,但这可以理解为是海岸线过于曲折这一地形上的特殊性使然。

宋代可以说是以运河为中心的经济时代。以运河与黄河交汇处的都城开封为首，运河与淮水的交汇处出现了楚州，运河与长江交汇处的真州取代了扬州而日趋繁荣。长江以南，位于稻米生产中心地带的苏州和位于运河终点上的杭州，都迎来了发展的高峰。北宋灭亡后，南宋保有江南的半壁江山，都城不选择南京而选择了杭州，可说是理所当然。

兴起于东北、进而占有华北的金朝，以及兴起于蒙古、进而征服中国的元朝，都不想离自己的根据地太远，于是都选择了大运河北端的今北京作为都城，不用说，他们都认识到了运河对于统治中国的绝对利用价值。明太祖曾一度定都南京，但最终明朝还是逃脱不了成为元朝后继者的命运，成祖永乐皇帝时即将都城迁往北京，即使到了清朝，北京的首都地位也无法动摇。

隋炀帝开凿的大运河，一开始就肩负着提升中国内陆交通运输效能的使命。然而，世界的交通在此后的发展中逐渐由内陆时代进入到了海洋时代。天津、上海、广州这样的海港城市，因国际贸易而趋于繁荣，中国的人口及财富也逐渐向沿海地区集中。天津和上海或许算不上纯粹的海港，但从利用潮汐的涨退实现船舶的出入这一点上来说，也具有海港的性质。

从经济发展的角度纵观中国历史，可以说古代到中世纪是以内陆地区为中心的时代，宋朝以后的近世，变成以运河为中心的时代，降至晚清，则是以沿海为中心的时代。以沿海为中心的经济现象，无疑是在欧洲影响下出现的新事态，因此，应该将晚清视为中国近代史的开始。

　　我们现在要谈的问题,是宋代以后以运河为中心的时代。中国社会的中心转移到运河沿线,这不是一种孤立的现象,而是在各种社会形势彼此关联、互为因果的作用下形成的近世社会特有的现象。

　　运河的功能在于交通运输,所谓"运河时代",不用说就是商业时代。事实上,由中世纪进入近世以后,中国的商业发展面目一新。我们首先从货币方面进行考察。

　　唐高祖武德年间铸造的开通元宝钱,①将通货的形制固定了下来,以后历代均以这个形制作为铜钱的标准。现存的开通元宝钱数量非常多,这些钱是否都是唐代铸造的,我抱有一定的疑问。唐朝灭亡后,五代各国都曾铸造开通元宝,尤其南唐国,还曾大量发行过,因此残留后世的开通元宝钱有可能是南唐的铸币。这个问题暂且措之不论。唐代货币的流通未必有政府所预期的那样顺利。两税法原本是以征钱为目的的,但后来暴露出了货币绝对量的不足,不得不认可用米谷绢帛来折纳。刑法上也以绢价来计算赃物。换言之,当时依然以绢价作为度量价值的标准。但是,食盐等专卖品一直用铜钱进行交易,因此,这给货币经济向农村渗透提供了机会。

　　五代分裂时期,各国政府均以数量不多的铜钱作为国际通用

----

① 唐武德年间开始铸造的货币,历来有"开元通宝"和"开通元宝"两种读法,原著采用后说,译文遵从其说。

货币,铜钱变得贵重起来。在割据政权林立的时代,由于各国之间的贸易只能用铜钱结算,因此铜钱成为国际通用货币,铜钱的持有量就是该国国际通用货币的持有量。在这种情形下,各国为了维持本国的持有量,尽量将通用货币集中在政府手里。尤其是那些资源贫乏、容易入超的国家,实行更加严格的货币管制,防止铜钱流出,并发行新的铅钱、铁钱,使其在民间流通;同时又利用劣币导致的低外币兑换率,把本国的商品廉价销往国外,力求吸收更多外国的国际通用货币。由于通货的分裂使国际贸易受到了明显的束缚,为了打破这种局面,商人们开始使用白银。白银与任何国家的货币管理办法都不抵触,可以自由无阻地使用。白银作为货币,早在南北朝时期已在岭南地区盛行。岭南作为白银流通地区,其特殊地位在唐代也得到了认可。到了五代,将白银作为货币使用的习惯由岭南逐渐向北传播,江南地区使用白银也相当普遍。

相对而言,黄河沿岸的中原地方则依然盛行铜钱。后周世宗是五代时期首屈一指的明君,在强化君权的同时,曾计划增加铜钱的铸造量,由于他的英年早逝,这项事业为宋太祖、宋太宗兄弟所继承。北宋平定南方各国后,对五代时期流通于这些地区的铅钱、铁钱进行了取缔,增加了铜钱的铸造,使之在民间广泛流通。可以说,这项政策是将华北的货币制度强制推向南方。政策是成功了,但在南方完成铜钱化过程的同时,南方使用白银的习惯也反过来影响华北,从而形成了宋朝颇具特色的货币制度,这就是,政府公布的价格体系均以铜钱表示,刑法上赃罪的标准同样用铜钱计算,而民间大量的交易结算或汇往外地的款项则多使用白银。宋朝与外国的贸易严禁用铜钱支付,势必只能使用白银。其结果则是政府不得不认可白银作为自由通货的地位,从而形成了白银和铜钱的双轨制货币制度。由于政府大量铸造货币的政策取得了成效,因此,流通于民间的铜钱数量达到了未曾有的规模,民间日常性的出纳不用说,就是赋税的缴纳也允许无限制地使用铜钱,以至出现了空前的铜钱经济。铜钱的盛行也就意味着商业活动的盛行,交换经济已然渗透到农村。著名的政治家张咏在宋初出任崇阳县令时,站在城门上远眺,看见一个近郊的农夫买了蔬菜回家。张咏认为,农户的日常饮食应该自给自足,怠于农事进城买菜吃的农夫必定是个懒汉,因此将他笞背处罚。在这个故事中,张咏的要求有些过分了,但这件事在我们看来可以这样理解,当时的农村,货币经济已经非常普及,农村也出现了专业化生产,虽然是农户,但他们可以选择在自己的土地上栽种最能来钱的作物品种,其他的日常用品则可以通过交换的方法获得。

　　农业生产的商品化对社会的发展影响非常大。中世纪的农业,正如张咏理想的那样,基本上是建立在自给自足原则之上的,自己生产的东西通常只供自己消费,偶有剩余时才拿到市场上去卖。这种自给自足的经济形态,最适合在豪族的大规模庄园里展开。中世纪庄园经营的模范是东汉的樊重,他开辟了规模巨大的庄园,庄园中经营着几乎涵盖所有种类的产业。想要漆器,就得先种漆树,然后再等收成,诸如此类。因此,大的庄园宛如一个独立王国,所谓"闭门成市"、"所求必给"。除食盐外,所有的东西都能自给,这就是中世纪贵族庄园经济的理想。

若想做到闭门成市、所求必给,庄园的位置必然要选择地形相对复杂的场所,有山冈,有河流,有池塘,有平原,这样的山野交错之处才是最理想的地方。整个中世纪,中国的经济中心偏于西北,其原因还是与这一带高亢的地形适宜庄园的经营有关。而交换经济的发展,使得这种中世纪式的庄园经营方法落伍。受运河水运之惠的低地平原,只要稍加改良即可成为肥沃的良田。在这样的地区种植稻麦,收成要比山间僻地多出几倍。农户卖掉这些增产的稻麦换取现钱,用这些钱可以自由地购买自己想要的东西。因为有利可图,农户从一开始就有着商品生产的意识。在选择经营种类时,不一定以满足自家的消费为主要目的,而是选择最适合于自家田地的作物种类进行专业化生产,然后互相交换,这样做可以事半功倍。在这一新式经营法的攻势下,中世纪式的庄园制度逐渐走向崩溃。被交换经济的大浪吞没了的旧庄园,只能选择"开门,与外成市",庄园主也再无必要强制劳动者作为隶民依附于自己。本来,庄园主有招致隶民(部曲)的权利,在拥有这个权利的同时,必然就产生了义务。假如一个部曲没有主人预期的那么能干,但主人却依然要抚养他。庄园主即使想采用新的生产技术,提高土地的生产能力,作为依附人口的部曲也是不可以赶走的。庄园主于是找到了更好的方法,即解放部曲,将土地按契约租给愿意缴纳最多田租的人。这样一来,中世纪式的部曲得到了解放,佃户代之而起。由于部曲的解放并非一时以法令的形式实施的,因此,很难说清楚确实的年代,但有证据证明宋初仍有部曲存在,大概到了宋真宗的时候才彻底消亡。

　　商业的繁荣,不仅使农村的面貌发生了改变,都市的形态也为之一变。中世纪的都市,主要是由官衙区、贵族的住宅区以及从属于他们的一般民众构成。都市实行里坊制,纵横的道路划分出来的区域称作里或坊,里坊的周围筑有坊墙,遮断道路,仅留两个或四个坊门,作为内外交通之用。若非高官,住宅的大门不得打破坊墙开向大路。里坊恰如一个小的城郭,一个里坊自成一个治安单位。这些里坊聚在一起就是都市,周围又有坚固的城墙围绕。一到夜晚,坊门就会关闭,内外交通断绝,民众如果夜间在大路上行走,就会因犯宵禁而受到处罚。这就是里坊制。都市中划出相当于一二坊的空间作为市场。市是开放的,但也只在白天开放,夜间则与里坊一样关闭。店铺只能设在市的内部,市场上的工商业者,同行业之间组成"行",政府承认其垄断权,但作为报偿,他们必须向官府提供自己的商品作为官用,这就是市制。从这些方面去观察中世纪的都市,可以发现这样的都市具有较强的政治性或军事性,商业性反而是次要的。都城长安、东都洛阳以及所有的地方都市都是这种形式。模仿唐朝都城而建的我国平城京、平安京，①采用的也是这种坊市制。

　　然而到了唐末，坊市制开始崩溃。到了宋代，都市几乎变成了完完全全的商业都市，其端绪是草市的出现与发展。都市内部的市是由官府设定的，与之相比，草市是没有取得官方许可、由民众自然集合而形成的市。即便是在乡村，人们最初约定时日在交通便利之处举行的自由集市中，很快就会出现固定的店铺，继而有人居住，兴建住宅，形成聚落，称为草市。有时政府也认可这种现实，派遣官吏前往征收商税。这样的草市进一步发展以后便称为镇，镇里设有县衙门的派出机构。大的镇也筑有城墙，由镇升格为县的事例也不少见。

　　草市往往在都市的城门外建立。这是由于城内严厉取缔市以外的店铺，禁止其开业，加上有夜行之禁，甚多法制束缚。人民追求自由，在熙来攘去的城门外设置店铺，形成聚落，贩卖百货。城门关闭前没赶得上进城的旅客，亦可在这里住宿。草市日益繁荣后，风气渐及于城内，市内的店铺在城内的大路两旁开设分店，分店固定后变为店铺，打破坊墙，与坊内连成一气。继而坊墙的存在渐渐失去意义，大路两旁店铺林立，于是里坊制走向崩溃，只有里坊入口处的坊门时时得到修葺，成为都市内某个位置的地标。里坊制崩溃后，在商家林立的道路两旁出现了闹市区。在城市街区的命名上，也废弃了按所在里坊的方位来命名的传统，出

---

①　平城京，今奈良市。平安京，今京都市。

现了包含道路两侧在内的街道名。① 现在京都的四条通、乌丸通即是此类。② 到了这时，都市内官设的市场已经失去意义，店肆几乎布满都市。这就是商业兴旺随之而来的必然结果，官厅住宅群的中世都市到了这时变为近世的商业交通都市。这个变化，始于唐末，经过五代，到宋初完成。

　　生产的商品化，从另一个意义上来说就是社会分工的进一步细化。为了扩大商品的销路，争取在自由竞争中获利更多，除了增加产量和维持低廉的价格外，改良商品的品质同样必要。而想提高商品的质量，分工的进一步细化和生产的专业化是不可缺的。从大的方面来说，首先是地域之间的分工。例如长江下游冲积平原上主要生产稻米，江南的山地盛行茶树栽培，特别是到了宋代，过去几乎不被关注的福建，生产出了优质的茶叶。在燃料得天独厚的地方，制瓷业获得了长足的发展。那些蕴藏微粒硬砂水成岩的地方，石砚成为特色产品。水质优良的地方，造纸业得以兴盛。各地优良的土特产品，克服了长途贩运的困难，被销售到全国各地。

---

① 在实行里坊制的都市里，四方形的里坊是一个总的地名单位。贯通里坊东西南北门的大街将里坊内部分割成四大块，东西大街与南北大街的交汇处称"大十字"。每四分之一的区域内又由"小十字"各分成四小块，一个里坊被分成十六个街区。不同的街区，按其与坊门、大十字的相对位置被命名为东门之南、东门之北、南门之东、南门之西、西门之南、西门之北、北门之西、北门之东、十字街东之北、十字街东之南、十字街西之南、十字街西之北、东南隅、西南隅、西北隅、东北隅。进入近世以后，由于工商业的发展，封闭的里坊制逐渐崩溃，坊墙被废弃，人们可以自由地沿街设店，夹道形成商业街。包含街道两侧店肆住户在内的街道名称，代替了里坊制时代的街区名。
② 四条通，横贯京都市中心的东西大街。乌丸通，纵贯京都市中心的南北大街。

　　分工同时还表现在同一种产品的生产程序。郊区生产出来
的蚕丝原料送到像苏州、杭州这样的都会城市中织出美丽的绢
帛,这可以算是一种例子,但最明显的则表现在制瓷行业。在瓷
器的烧造过程中,从高岭土的开采到炼制、成形、赋彩、上釉,直到
入窑烧成,每一道程序都有专门的工匠分司其职。这样的生产形
式,已经脱离了家庭手工业的阶段,堪称近世资本主义式的大企
业生产。中国生产的瓷器,直到后世都在西亚至欧洲享有无上的
声誉,原因即在于此。中国瓷器的优良品质,不单归功于制瓷工
人个人的技术能力,更是有赖于分工所带来的恩惠。当时的西方
人尚未发现这个秘密,对中国制瓷技术的出神入化只能瞠目而
视,甚至因此编造出了神话一样的传说。

　　毫无疑问,生产程序上的分工,促进了各种工业技术及相关
科学知识的发展,其中,火力的发展具有重要的意义。人类的文
明始于火力的利用,甚至可以说,火力发展的程度与文化发达的
程度成正比。宋代的制瓷业能够达到如此完美的水准,其技术基
础在于人们能够熟练地运用可使胎土烧结、熔化硬质釉药的高火
力。当时煤的利用已经盛行,都城开封府缺乏薪炭,煤在日常炊
爨中成为不可或缺的燃料。燃煤所获得的高热度,首先也被用在
了制瓷业上。磁州窑似乎是利用附近出产的煤为燃料的。磁州
附近蕴藏着丰富的优质高岭土和煤矿,烧造的瓷器行销华北一
带。“磁器”这一名称也取代了往日的“瓷器”,成为这一类器物
的通称。磁州窑的制瓷技术还传到了朝鲜,高丽制瓷业中的拿手

好戏"绘高丽",就是在磁州窑的制瓷技术影响下产生的,而日本初期的制瓷业又通过朝鲜引进了这一技术。在南方,九江附近的景德镇最为著名。景德是宋朝第三代皇帝真宗的年号,景德年间这里升格为镇,因而得名,如今反而以瓷器出港的九江为名了。景德镇这个地方堪与北方的磁州比肩,拥有值得夸耀的千年瓷业传统。江南地区当时还没有使用煤,尽管如此,利用薪柴的火力依然能够达到如此高的窑温,烧出精美的瓷器,这在技术发展史上应该大书特书。

在商业达到了如此繁盛的社会情势下,政府的财政政策也必然地会摆脱中世纪式的政策,选择具有近世特征的政策,中世纪的国家财政与土地密切结合。发端于三国曹魏屯田的政府土地国有政策,随着时代的推移,对土地的控制越来越严格,最后发展成为唐代的均田制,土地的国有政策也因此达到了顶峰。这个政策的目的在于,均分一部分土地给农民,维持其基本生活,从土地上征收谷物绢布作为租税,保证国家的财政支出,这就是所谓的租庸调制度。国家财政可以运用的是两种物资,一是作为粮食的谷物,另一是可作被服原料,同时兼具通货性质的绢布。中世纪的国家财政与当时的社会状态相适应,建立在农业立国的基本政策上。

这项政策在唐中期安禄山之乱以后发生了变化,租庸调法变成了两税法。两税法的宗旨是,在承认民众土地私有的基础上,课税的对象不再是单纯的土地,所有的资产都成为课税的对象。

由于都市居民资产的所有权变动频繁,资产数目的调查很难详备,资产价格的评估具有难度,因此,两税不得不依然以土地的生产能力为主要对象。但值得注意的是,在两税法施行前后,对其他商品征收消费税的做法大行其道。最早列入征税对象的商品是食盐。盐是任何人都得消费的商品,为了便于征收食盐的消费税,政府对食盐的生产及销售实行了专卖。唐肃宗乾元元年(758),政府开始实行食盐专卖,一斗盐的价格征税前是十钱,现在政府征税十倍,以一斗一百十钱的价格卖给消费者。当时入不敷出的政府财政,随着盐税的开征得以缓解。政府尝到了开征消费税的甜头后,变本加厉,再次提高盐价,首先提高到一斗二百钱,继而又提高到一斗三百十钱,最后升至一斗三百七十钱,据载,盐税的收入占到了国家财政总收入的一半。安史之乱以后,唐王朝虽然内忧外患,踏上了衰亡的道途,但仍然能够存命一个半世纪,而国家财政之所以还能勉强维持,靠的就是盐利。

五代时期,割据各地的政权仍然沿袭唐制,对食盐实行国家专卖。随着长江流域的开发,江淮制盐业的重要地位也日益明显。最先占有淮南的是南唐国。南唐将淮南生产的食盐销往长江流域各国,从中获得了巨大的利益,一时雄视江南。五代末年,后周世宗南征,迫使南唐割让淮南,打破了五代各国之间的势力均衡。南唐失去淮南盐利后,立刻沦为三流国家,盐利成为华北政权对南方加压的一个决定性因素。而继承后周世宗的遗业,凭借天时地利平定列国的是宋太祖、宋太宗兄弟。

　　宋代的国家财政主要由两大宗构成,一是向土地征收的两税,另一是向商品征收的课利。两税征收谷粟绢布,课利征收铜钱。所谓"课利",是指包括食盐在内的酒、矾、茶、香药等政府专卖事业所获得的利益,以及向其他商品所课征的商税(包括过境税与所得税)。课利事实上就是消费税,承担课利的是包括农民在内的所有消费者,也就是全国人民,只是最终把这个税费缴纳给政府的是商人而已。由于两税和课利在国家财政收入中不相伯仲,虽说课利的征收处于政府的特别保护之下,但商人的集税能力与州县官其实是相当的。从这一点上也可以看出,宋代以后的中国社会,其实很难将之简单地视作农业国家,在此之外还具有其他一些特征。虽说农民的人口在数量上无疑占绝对多数,但资本却集中在工商阶级的手中,从这一点上来说,宋代也具有非常明显的近世社会的性质。

　　课利的征收对象,宋以后的历代王朝虽有变化,但盐利却是其中最重要的内容,这一点始终未变。自从与欧洲势力接触,海外贸易大盛以后,形势又为之一变,新设的关税收入在政府财政中具有了更加重要的意义。据清朝末期的统计,在中央户部的年收额中,与盐税所占的13%相比,海关税所占比例高达72%。这一现象可以说是近代史所应有的现象。

　　盐是人民日常生活的必需品,而且不论贫富,都要平等地消费一定的数量。政府将食盐列为国家专卖,最大限度地从中获得收益的政策,绝不能说是一项妥当的政策,甚至可以说是恶税中最恶的一项。这种政策,法国的波旁(Bourbon)王朝也曾经施行过,令国民大受其苦,大革命爆发以后被废除。然而,中国自唐中期以后,其间虽有宽严之差,但千余年间,盐税一直是国库的大宗收入,即使进入民国以后,盐税课征如故,这实在令人惊异。而且税率极高,即使在政府对食盐的生产销售控制较为宽松的时期,专卖价格也至少是原价的三十倍。

与食盐专卖相关的法规被称为盐法。盐法可以说正是中国近世君主独裁政治的表征。中国历代帝王通过盐法获取利益,供养军队。这支军队除用于对外的军事行动外,同时还对内使用,在维持社会秩序的同时保护盐法。逸脱于法律体制外的专卖法,虽然千余年间历尽曲折却仍能持续的原因,就在于中国特殊的地理形势。由于盐的产地限于海岸以及一些特定的盐池和盐井,因此,首先比较容易做到的就是垄断生产。中国的领土比得上一个大陆,把食盐从海边或特定的产地运往消费地的距离非常长,因此,途中可以设重重关卡盘查,取缔黑市买卖。这样的地理特征成为盐法产生的土壤,盐法也成为中国近世君主独裁体制的一个立脚点。在探讨中国君主独裁政治的发展过程时,有些观点向来受到人们的关注,如中国是农业国家,必须通过强权来统制水利灌溉,又如为了防范游牧民族的入侵,强大的君主独裁得以发展,等等。但这些看法,到了宋代以后就不得不作出修正了。如果说东洋的君主独裁政治都算不上具有近世社会特征的话,那么,法国 18 世纪的绝对王政时代也就应该从近世史中删除。中国社会从宋代到明清,一直停留在相当于法国的旧体制阶段。①

　　然而,不管君主以如何强大的权力去维护盐法,向人民课征高于原价数十倍的税、高价卖盐这件事本身完全违背了经济的常规,因此君主的统制能力必然存在着一定的局限性。表面上看食盐的生产营销受到了严格的管控,但权力统制的背后存在着黑市交易,而且专卖价格愈高,黑市交易也就愈能获利。黑市交易的盐就是私盐,私盐大行,则政府的官盐必定滞销,于是政府只能严刑禁止私盐的流通。然而,只要有利可图,那些失业游民、不法之徒,无论冒多大风险都会去从事私盐的贩卖。他们广泛地联络各地的同伙,收买军队的官兵,甚至携带武器以防万一,还会利用像白莲教那样带有邪教色彩的宗教来约束内部,统制同党。至此,中国近世史上特有的民间秘密结社诞生了。

　　因社会的不安定而乘机掀起暴乱的事件,有不少是以这种秘密结社为基础的。相对来说,穷困到极点的农民为了生存,或者为了改善社会制度而蜂起的暴动,则比想象的要少得多。历史发展的大趋势,并不是随着某种道理向前行进的,而是随着力量的变动而变动。似乎最有可能掀起暴动的农民,却经常温顺如猫,从来都没有具备过掀起暴乱的力量,反而是那些善于利用统治阶级与被统治阶级之间的矛盾、自身暧昧的第三阶层,时常成为暴动的主力出现在历史舞台上。农民之所以加入到暴乱之中去,很

---

① 旧体制,译自于 Ancien Régime,指被 1789 年法国大革命推翻的政治、经济、社会旧体制,即自 16 世纪起延续三个世纪的绝对王权。

多都是因为其他暴乱令土地荒废，无奈之下被卷进去的，主动掀起暴乱的事例反而很少。这一点也是中国近世历史不幸的特征之一。

　　前面我们简单地提到了中世纪庄园部曲制度的崩溃问题，这个重要的问题似乎有必要再作些进一步的补充说明。中世纪推行的均田制度，理想上是向生产第一线的农民分配一定量的土地，使其从事耕作，但实际上农民似乎并没有得到规定中应该得到的数量。而另一方面，政府又允许王公贵族按官品的高低占有数量庞大的私有土地，亲王一百顷，正一品官六十顷，以下递减至从五品官的五顷。一百顷相当于一个壮丁受田额的一百倍，因此要耕种这些土地，大约需要农夫一百人。然而，平民农夫虽然未能受足土地，但多少得到了一些耕地，并且他们还承担着国家徭役的义务，因此王公贵族想要在这些自由农民中召集耕种私有土地的劳动力并不容易，而被称作部曲、奴婢的贱民正好满足了这个需求。奴婢就像是动产一样，可以用金钱来买卖，但部曲是依附在土地上的隶农，或许随着土地一起买卖。部曲解放的前提是政府无法继续向农民授田，同时不得不承认民间土地的私有权。这一变化发生在唐后期经五代至宋初，部曲的解放也随着这种社会形势的变化而得以逐步实现，佃户代之而起，登上历史舞台。佃户是独立的自由农民，他们依据契约从地主手中租借土地，自己生产，将收获中的一部分作为地租交给地主。在法律上，地主和佃户也拥有同等的权利，身份上没有高低之别。

　　然而,经济上处于弱势的佃户,很难避免在生活上逐渐依赖地主。地租非常高,通常达到收成的一半,假如遇上额外的支出,佃户就不得不向地主借贷。即使没有额外的支出,在春耕时,大多数佃户通常也会向地主借贷资金。借贷的利率当然不低,经过春耕到秋收,五成以上的利率都不罕见。日积月累,佃农向地主的资金借贷情形愈演愈烈,他们必然会被束缚在地主的土地上,人身的隶农倾向日趋强烈。佃户如果掀起减租运动,官府往往又站在地主一边压制佃户。这样一来,佃户的社会地位实际上趋于下降。佃户地位的低下最终被法制化,北宋元祐元年(1086)的法令中规定,佃户殴打或伤害地主,加常人一等重罚;到了南宋绍兴年间,同样的事件则加常人二等重罚。

　　在中国传统的儒家重农思想里,同样是人民,他们之间出现了贫富差距,富人不停地兼并土地,这在政治上绝不是一种好现象。政治家们坚信,为了保护贫民,保障其生活,必须给予他们起码的耕地。然而到了宋代,议论为之一变,正如我在后文将要叙述的那样,宋代以后的地主不再是单纯的地主,他们中的大多数其实就是作为知识分子的士大夫。身兼官僚和地主双重性格的统治阶级遍布全国各地,几乎所有的土地都集中到了这群新兴阶级的手中。

　　中世纪的贵族同样也具有这种双重性格,他们一面是豪族,另一面是官僚。他们站在官僚的立场上发出的儒家式的政治论议,一旦付诸实施,便与本阶级的利害发生冲突,因此庙堂高论往往徒具空文。但另一方面,中世纪时期,不具备这种双重性格、尚未官僚化的豪族数量仍然不少,因此,在地方末端的政治层面上,声讨兼并的议论仍有很大的空间。

　　然而进入宋代以后,因教育的普及,士大夫性质的地主遍布全国。士大夫地主发出的议论与之前的大相径庭,这就是对土地兼并的承认,南宋初期与朱子几乎同时代的著名政论家叶水心的议论可作为代表。他的观点是:以天子为核心的政府,原本必须履行保障小民生存的义务,然而,长期以来政府疏忽了这个义务,而代替天子担负起养育小民的实际上是富民。他们把自己的土地租给无田的人,把钱借给无钱的人,让他们从事耕作维持生存,有了富民这样的大客户,都市中上自工商业者下至优伶才能得以为生。遇上政府急需经费,能够集资提供的也是富民。富民代替天子养育人民已非一朝一夕,富民积累财产最终也是为了社会。若细心观察,他们劳心的程度并不亚于体力劳动者,所以,责备富民蓄财是不合情理的,而当今的俗吏们仇视富人,动辄打击富人的兼并,这完全是毫无道理的。叶水心的议论是彻底的资本主义拥护论,同时也是现状肯定论。对宋代这样的进步社会而言,无论是对现状的维持,还是在这基础上进一步推动文化的繁荣发展,资本的积累都是绝对必要的。积累资本的是富人,也就是说富人才是顺应社会发展的必然性而兴起的阶级,所以没有理由对之进行压制。这就是叶水心议论的宗旨。

　　宋代以后,类似的认同兼并的思想已经相当普遍。《天下郡国利病书》卷一四《前人寄庄议》中说：地主与贫民相依共利。地主浚沟渠、筑高堤，贫民坐享其成。贫民只是出力耕种富人的田地，从收获中分取一半。对贫民而言，没有牛马、种子时可以向富民借贷，租税也由地主代为缴纳，遇到水旱饥馑，能够依靠的也还是富民。富民不是可有可无的，而是缺之不可的。

在日本也拥有很多读者的明代还初道人所作教养书《菜根谭》中，也有"天令一人富，以济众人之困"之句。在这里，富人恰如小天子，好像是接受了上天的特殊使命，下凡来拯救众人的，理应受到人们的崇敬。

这些议论，都是针对当时的社会现实而发的。宋代以后，中国社会演变成一种具有资本主义特征的社会，站在作为地主阶级的士大夫立场上，自然会发出这种肯定自身立场的议论。叶水心、还初道人等人的意见中，并不是说富豪因为其特殊作用就可以肆意妄为。叶水心也主张，如果富民贪利过度，政府必须对之进行打击。还初道人也指责那些不尽自己义务、反而去凌虐贫民的富民是天之戮民。假如所有的富民都能像理想中的那样，用温情主义来善待佃农，那么天下当然就太平了。但事实却不一定如此，更多的是富民为了自身的利益，仗势欺压佃农。假如果真如此，那么在贫富如此悬殊的社会中，难道就不会发生阶级斗争吗？当然不是，相反很多。不过，农民大多缺乏团结，没有组织，偶尔掀起暴动也会立刻遭到镇压，很少能发展成为大的事件。可以看到的事例只有发生在明代中期福建的邓茂七起义。这是一起源于佃农联合发起的减免年贡的农民暴动,由于当时的特殊情况,暴动的影响很快向外扩大,但也只限于福建范围内,不久即被政府军镇压下去。

其他地方的阶级斗争,大多以个人对个人的争执了结,因此其社会意义并没受到充分的重视。也就是说,某个地主如果行径过于恶劣,引起佃户的义愤,佃户对之进行惩戒,这种行为,作为突发事件,在世人看来只是一种个人之间的恩怨,事件处理完毕,便很快被抛诸脑后,最多给后世留下些劝善惩恶的话题。但是,如果这种暴动发展下去,形势一变,就会进入另一个阶段,即成为取代当朝、争夺天下的革命运动,这就不单是阶级斗争了。当不满现状的知识阶层中的野心家加入队伍,指导暴徒,各地潜在的秘密结社也一并响应的话,叛乱便可立刻蔓延天下,成为一股巨大的势力。能够发展到首谋者称帝建号的大叛乱,大抵上都是这一类的。因此,这种叛乱一旦成功,就可以出现像明太祖那样的新王朝,但是,这只是君主发生了更迭,对社会制度的本质而言,不太可能带来什么深刻的变革。蒙古人也好,满洲人也好,他们侵入中原,建立新王朝,实质上也没有什么太大的差异。引发社会革命的基础不成熟,只能采取易姓革命的方式实现政权的更迭。这其中,东洋社会宿命式的传统在起着作用。绝对不能容忍对立面的存在,作为这种帝王政治的必然归宿,政治只可以自上而下,因此,与自下而上的势力之间的妥协是难以想象的。

三 中国近世的政治

中国中世纪的历史伴随着一连串的篡夺行为。篡夺天子之位的,往往是朝廷中最有权势的大臣。最早的例子见于西汉末年的王莽。平定王莽之乱、复兴汉室的东汉光武帝对大臣的专权极其戒备,刻意强化君权,纵然是天下大事,也不让朝廷大臣参与谋划,皇帝独裁万机,在宫中建立内阁,置尚书数人以掌机密。然而,由于以后的皇帝大多年幼继位,不得不任命得力的大臣为录尚书事,总理宫中内阁,尚书一职于是逐渐失去机密性,变为政府机关。东汉末年,社会陷于混乱,曹操以汉臣身份,铲平四方群雄,掌握朝廷实权,事实上魏王朝已经成立。曹操设置了直属于自己的秘书官,称为中书,让其商议天下机密。曹操之子曹丕篡夺东汉政权,是为魏文帝,中书于是成为帝室内阁,其长官中书监、中书令的权限最重。

王莽篡汉时,利用周成王的叔父周公践祚听政的古代传说,废黜汉室幼帝,自践帝位。曹丕则仿照尧舜的禅让形式,迫使东汉最后的皇帝汉献帝自愿把帝位让给德行高超的曹丕,曹丕也三度辞让,最后不得不登上天子的宝座,这就是所谓的禅让。以后,中世纪王朝更迭的正统方式一般均为禅让。不管背后的事实如何,表面上都是被民众遗弃了的旧王朝,面对德高望重的新王朝,自觉天命所趋,自愿将正统的天子地位禅让给有德者。在禅位的仪式中,新王朝在万众瞩目和彼此认可的情况下,继承前朝遗产,只有这样,才能证明新王朝的正统地位。从曹魏篡汉至五代末的陈桥兵变,七百余年间,中国一直实行着禅让式的王朝革命。

曹魏虽说是篡汉,但曹操靠自己的实力平定了东汉末年的大乱,可以说是创业君主,并非坐而横夺,然而,西晋篡魏却不一样。西晋司马氏是曹魏的大臣,父子相续,实权在握,朝廷大权势必归于司马氏之手。由于朝廷官员中憎恶司马氏专权,志在尽忠魏室的大臣也不少,因此,擅权三代的司马氏为了谋求家族的安泰,有必要早登帝位,排除异己。在这种情况下,司马氏乘平定蜀汉大获全胜之机,强行篡魏,建立了晋王朝。以后的王朝革命,大多是通过这样的横夺实现的,表面上则以禅让的美名作为粉饰。

进入西晋以后,原本作为皇帝内阁的中书又变成了公共的政府机关,极易受到权臣的控制。于是,天子身边的门下侍中,逐渐成为皇帝能够商议机要大事的人员,中书的部分权力因此被侍中分走。整个东晋南北朝,虽说中书和门下掌机要,但它们都逐渐远离天子个人的掌控,成为由朝廷大臣兼任的对外机构。

　　禅让式的篡夺之所以会发生,权臣的野心无疑是重要的原因,但是,权臣的背后,实际上有一群官僚贵族在支持着他。在贵族出身的官员看来,频繁发生的王朝革命,对谋求自身地位的荣进不无好处。因为每来一次革命,最上级的大臣变成了天子,他的位子空出来了,同时,革命之际,必然会有一些牺牲者,他们所占的位子也空了出来,这些位子理所当然地会转移到革命功臣的身上。革命成功以后,被推上天子宝座的那个人,为了阻止新的革命运动的发生,必须对个别朝廷大臣加以戒备。天子通常是不会给位高望重的大臣以实权的,更安全的做法是在宫中设立内阁,与自己的几个心腹一同商议政务机要。汉朝以来出现的尚书、中书、门下侍中,都属于这一类机构。然而,这些机构由于掌握着实权,即使地位不高,但也是朝廷大臣们非常希望得到的职位,因此,经过一段很长时间,这些机构逐渐脱离了天子个人的掌控,而由大臣兼任,天子的地位反而时常受到大臣的压迫。换言之,原本为强化君权而设置的皇帝私人机构,一个接着一个地向贵族公开,最终成为贵族群体的共有物。

　　西晋因为北方民族的入侵而亡,东晋南渡,以今南京为都,保有江南半壁江山。篡夺东晋王朝建立南朝刘宋政权的刘氏出身军阀,以后,南朝基本上都处在军阀天子的统治之下,历经了宋、齐、梁、陈四个短命王朝。随着军阀王朝的频繁交替,朝廷的贵族官员产生了强烈的门阀意识。这就是说,没有门第的军阀,虽然在风云际会之际得到贵族官僚的拥戴成为天子,但是,贵族官僚与王朝的更替几乎没有关系,因为贵族官僚自有他们古老的家族谱系,历朝历代都出任显官,因此他们的地位并非自己取得,而是由历史决定的。帝王或许拥有剥夺他们官位的权力,却不拥有抹杀贵族历史的权力。也就是说,贵族作为天之选民,是经历了长期生存竞争后胜出的优秀者,自有一种自尊心。东汉以来崛起的豪族势力,但凡有机会便会进入官界,成为官僚贵族,他们同时又是文化的载体。魏晋以来频繁的王朝革命,使帝室失去了尊严,而贵族反而因自己比帝室拥有更长更久的门第传统而自矜夸耀。

在华北,自五胡入侵以来,掌权的基本上是外来的异民族帝王。鲜卑出身的北魏王朝统一了华北,以淮水为界,与南朝的汉人王朝对峙。即使在北朝的统治下,魏晋以来家世连绵不绝的汉人贵族也依然保持着门阀的矜持。新来的北方民族想要管理好汉地,势必倚仗汉人贵族的势力。最易行的政策,就是提拔汉人为中央高官,加以优待。在与汉人贵族的交往之中,北族逐渐被汉人贵族的文化所同化,以王室为首的北族权贵逐渐变身为与汉人几无二致的新的贵族群体。

华北、江南均可见到的这种贵族制度,可以说是封建制度的一种变形。在封建制度下,一个家族的继承人,在继承祖先财产的同时,也一并继承了他们的政治地位。而在贵族制度下,一个家族的继承人,虽然可以完全继承父祖的财产,但父祖所得到的政治地位,则必须与其他贵族共有。也就是说,假如父亲是宰相,那么,他的儿子也拥有主张自己成为宰相的权利。不过,宰相的位置并不是由特定的某一个家族所独占的,而是分属于拥有同样权利的好几个家族。如此一来,虽然同是贵族,其中既有长期出任宰相的家族,也有运气欠佳,长期出不了宰相,以致失去既得权利的家族。贵族的这种浮沉盛衰,同时又导致了彼此之间的激烈竞争,甚至钩心斗角。只是贵族之间很容易发生的无限制竞争和猎官运动,在一定程度上因为彼此的嫉视和牵制得到了某种程度的抑制。至此,贵族社会变成了一种极度排外的、封闭的社会。贵族为了维护自身的既得权益,必须尽量防止新贵族的出现,即使有些人因与君主的个人关系而平步青云,遽得高官,旧贵族们也会将之视为暴发户或勋门而加以蔑视,极度厌恶这些人加入自己的社会。帝王为使地方统制得以圆滑运作,也乐得利用贵族群体的既有势力,尽量遵从贵族之间的舆论,授予各个家族适当的官位,维持贵族群体的秩序,从而得到为政公平的称赞。这样,贵族间自然产生了等级,有些家族成为中央政府的高官,有些家族则出任地方州郡政府的要职,从而形成了一种金字塔形的贵族制度。

君主的政治权力有时也可以对贵族进行抑制,特别是在王朝革命之际,甚至会出现一些强势的贵族因为政治斗争而牺牲灭亡的现象。但是,君主的权力虽然能够消灭某些特定的贵族成员甚至贵族家庭,但却无法消灭呈金字塔状的贵族群体。在两三家权势贵族灭亡以后,其他贵族立刻替代补缺,金字塔依然是金字塔。

隋朝过后,到唐朝统一天下,这种形势依然未能消除。各贵族家庭虽因南朝的灭亡和隋末的动乱受到冲击,发生了剧烈的变动,甚至出现了部分的新陈代谢,但天下一旦平定,一种新型的唐代贵族金字塔又重新建立起来了。官员之间的风尚,并不是尊崇唐朝创业之际崛起的功臣之家,而是尊崇魏晋南北朝以来以悠久家族传统为荣的崔氏、卢氏这样的家族。唐王室虽然自称出自陇西名族李氏,但在旧贵族的眼中,李氏只不过是远远劣于门阀的勋门。旧贵族社会的封闭性,在婚姻问题上发挥得淋漓尽致。由于婚姻是两个家庭之间的结合,姻戚必须有对等的交际,因此,婚姻只有在门当户对时才有可能进行。唐王朝统治下的新贵族们向旧贵族求婚而遭拒绝的事情时有发生。不仅新贵族如此,即使是皇室本身,也发生过唐文宗之女欲婚崔氏而遭谢绝的事情,于是才有"吾家已有天下过二百余年,门第岂仍不及崔、卢"之叹。

在这样的社会情形下,中世纪的贵族是官僚的母体,是文化的载体,同时又是社会的安定力量。但是,自南北朝进入唐代以后,贵族的经济基础发生了很大的变化。究其原因,在唐朝的统治之下,承平日久,出现了中央集权逐渐加强的趋势,中央政府的机构日益庞大,包括都城长安在内的关中之地,由于政治上的原因,出现了空前繁荣的消费经济。安居乐业的贵族官僚们,在任地长安附近的便利之处寻求发展的据点,凭借政治势力取得辗硙(水车)等经济利权。在这样一种背景下,他们身上的豪族色彩逐渐褪去,纯粹的官僚贵族性质日益浓厚。他们虽然依旧自夸是与唐王朝有别的天生的贵族阶级,但实际上已经成为他们自己蔑视

的唐王朝庇护下的寄生贵族。所以唐中期以后,帝室的衰微自然
导致了寄生贵族的衰微,社会进入了军阀跋扈的时代。

　　在五代军阀帝王的统治下,旧贵族悉数步入没落的境地,代
之而起的是一种新型的军阀贵族。军阀贵族的父祖们,都是在政
界培植了势力的著名武将,作为他们的子孙,或者倚仗父祖们留
下的财产,或者倚仗其父祖旧部的余威,力图维持其特权阶级的
身份。然而,五代只有短短的五十余年,加上政权更迭频繁,因
此,比新兴阶级的勃兴更加显著的,不如说是旧势力的彻底崩溃。
到了北宋统一天下时,唐代的门阀贵族已差不多扫地荡尽了。

　　五代军阀帝王的君主个人独裁理想,到了五代末期的名君后
周世宗时显现出了端倪,到了宋太祖、太宗时已基本确立。力图
发挥君主独裁权力的君主,在古代和中世纪虽然也屡屡出现,但
是,他们不过是在特殊的时代背景下,以个人的能力去实行独裁,
他们死后,政治权力通常又会回到贵族群体的手中。宋代以后的
情况则不同,君主独裁成为一种制度,君主独裁政体确立了。当
我们把作为中世纪体制的集大成者——唐代的政府组织机构,与
宋初的政府组织进行比较时,两者的差异便一目了然了。

　　唐朝中央政府机构以三省为核心。三省之中,中书省是被称
为“取旨”的部门,是制定政策的机构,门下省是协赞中书省制定
政策的机构,尚书省作为行政官厅,是向天下颁布、实施朝命的机
构。中书省的长官称中书令,门下省的长官称侍中,尚书省的长
官称尚书令。但实际上并没有任命过尚书令,尚书省的政务由次

官左、右仆射代行,左、右仆射之下设吏、户、礼、兵、刑、工六部尚书,掌行政、司法等事务。

唐代政府机构的特征,在于天子与中央政府之间的联络通道非常狭窄。也就是说,天子只与内局之长的中书令一同讨论天下政务,然后立案。中书省的次官中书舍人基于这个立案,起草敕命,送往门下省审议;门下省若觉得敕命不当,便可行使否决权,称为封驳,这是门下省次官给事中的职掌。与中书省处于天子权力之下的情形相比,门下省则代表了贵族势力。经门下省审议通过的政令,随即转到尚书省,颁行天下。尚书省中,吏部掌官吏的进退,权限最重。吏部尚书需精通天下门阀贵族的谱系,为了在奏荐人才时能够顺利地将合适的位子安排给合适的贵族家庭,吏部尚书的人选通常出自名门,因此其权限往往重于宰相(即中书令、门下侍中和尚书仆射)。

这样看来,中央政府的三省,几乎只是在名义上将天子作为君主。尤其是门下省,甚至拥有驳回天子成命的封驳权,而且未经门下省审议的天子之命甚至都不能成为诏敕。因此,三省的意志若不完全一致,政策便无法实施。除非天子个人具有特殊的威势,否则中央政府就只能说是由贵族出身的大臣组成的合议政体。若是追寻三省的起源,正如前文所述,中书、门下、尚书,原本都是天子个人的秘书官,以加强天子的个人权力为目的设置的这些机构,经过一段时间的演变,都慢慢变成了贵族势力的掌中之物。

唐代三省六部机构

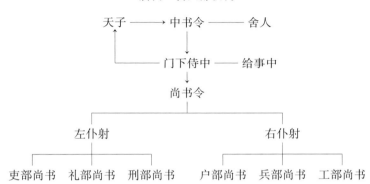

然而,唐代晚期,天子的独裁倾向开始显现,在官制上则表现为中书的强化和门下的弱化。由于门下省的封驳权与君主权的自由行使背道而驰,因此门下省被天子的代办机构中书省吸收,中书省的长官宰相,正式的称呼虽为同中书门下平章事,略称同平章事,但实际上名不符实,并不行使封驳权,而六部尚书则直接受同平章事的指示。这一变化,意味着与天子最亲近的中书省合并了其他两个省。同时,这也显示了君主权不再受到封驳的掣肘,经由中书省直接下达。更值得注意的是统帅权的独立。唐末开始,宫中设置了枢密院,专掌军事机密,经过五代到了宋朝,枢密院掌握用兵之权,成为能够与执掌行政大权的中书相抗的权力机构,二者合称"二府"。

君主独裁,并不是说君主就能够在政治上恣意而为。从官制上来说,这种体制指的是尽可能多地将国家机构置于君主的直接指挥之下，方方面面的国家运作，均由君主一个人来统辖。在这样的政体之下，如果设想一下没有君主将是一种什么样的情形，那么就会呈现出民政归民政、军事归军事、经济归经济这样一盘散沙的解体局面。宋代的君主独裁权，就是在这样一种构想下确立的。所以，中书省、枢密院之外的三司、审官院、审刑院、礼院，等等，都是各自独立、直属天子的机构。而当天子发生意外无法听政时，则由太后或者皇太子临时摄政，掌握实权，而不像中世纪那样将国政委托给外戚或大臣。

更值得注意的是政府和军队的分离。军队即近卫军，称作禁军，并不由政府指挥，而是处于天子的直接掌握之下。尽管枢密院是政府的一个机构，但它只是一个像总参谋部那样的统帅府，有出兵的命令权，但却没有军队的指挥权。在保证君主独裁权的行使上，禁军其实起到了很大的作用。唐初之制，禁军人数约十二万，这支军队驻扎在京师，直属天子，地方上的军队则由折冲府和州刺史管辖，处于中央政府的管辖范围之内，出征之际，由中央政府临时任命将领统一指挥。其后，地方军队归由藩镇节度使掌握，中央则无法对之进行制驭。然而到了宋代，禁军的数量多达六十至八十万，禁军不单驻扎在都下，更广泛地分布在全国的要冲之地。分布在地方上的禁军，与地方行政系统并无关联，直属京师的殿前司。殿前司分为三衙，有长官三人，直属天子。唐中期以后，实行兵制改革，进入了兵农分离的时代。到了宋代，兵制改革已反映到职官制度上面，文武官员分离，文官统治人民，武官

52

掌握军队,两者截然二途。然而,为了抑制武将的专权,武官只有
指挥局部战斗的权限,而拥有最高战略决策权的中央枢密使以及
地方军队的总帅安抚经略使,通常均由文官担任。出任知州的文
官,虽然直接掌握着该州的厢军,但厢军不过是五代地方军的残
骸,所谓军队,只是名目而已,实际上是从事杂役的民夫群体。兵
制上的兵农分离,官制上的文武分离,为宋以后的历代所遵从。
北宋中期王安石执政时曾试图恢复唐代兵农合一的制度,但未能
实现。这也是中国近世史的一大特色。

北宋初期确定下来的中央官制,其后历经了多次变革。有宋
一代,大体上讲,同平章事为宰相,参知政事为副宰相,枢密使、枢
密副使作为军事统帅部兼陆军司令员,以上共计六七人,只有这
六七人能与天子合议政事,决定最高政策。天子犹如其中的最高
委员长,保有最后的决断权,以行使其独裁权力。

明代创设了内阁制度,天子的独裁专制进一步得到强化。在
这个制度下,作为宰相的内阁大学士,针对百官的奏章,事先预备
好天子的批复,由天子作最终裁定,然后付诸施行。天子最终裁
定的话称为旨,大学士预备好的原案称为票拟或拟旨。大学士只
有立案的资格,在任何事情上都没有决定权,如果他们的意见与
天子相左,那么拟旨就只有作废。天子的权限虽然极度膨胀,但
其中也隐藏着很大的危险。那就是天子如果把最终裁决权下放
给宫中亲近的宦官,那么宦官便会窃取天子的大权,导致宦官专
权,从而引发弊端。不过,如果天子能够察觉到这一点,自己重新

掌握裁决权,那么一度猖狂专横的宦官便立刻失势。历朝历代,明朝可算是宦官猖獗、为害最大的时代。明代宦官的猖獗,原因在于宦官假借天子的独裁权威压制官僚,与东汉及唐朝宦官以自身的力量压制天子不一样。虽说都是宦官专权,但明代的宦官专权与中世纪以前的宦官之祸仍然表现出了不同的性质。

　　君主独裁权的加强,也表现在选举制度即官员的擢用制度上,即从唐以前的门阀选举制向宋以后重视个人能力的科举制转变。中世纪官员擢用制度的核心是九品中正制(九品官人法),从三国曹魏开始实行,一直持续到隋朝。设立九品中正制的初衷是不拘门阀,顺从乡里的舆论,推荐基层社会的人才为官,因此在州县设置了专门的中正官,负责官员候补人的选拔工作。但是,当时社会上拥有绝对势力的贵族群体偷梁换柱,把这个制度改造成了贵族家庭的专利特权。首先,州县的中正官是从门阀贵族中推选出来的,他们向中央推举的官员候补人只限于门阀贵族子弟,这些贵族子弟将成为中央和地方的官员,这样一来,国家的公职自然就落入了门阀贵族的手中而无法改动。九品中正制就是这样事与愿违,变成了维护中世纪门阀贵族特权的制度。

　　隋废九品中正制,改行科举制。这是政府通过考试来选拔人才的一项制度。唐朝继承了科举制,并有了很大的发展。但是,唐代依然重视与科举相对的任子制度。任子又称恩荫,根据这个制度,父祖若是大官,那么,子孙不必通过考试就可获得较父祖低数等的官位。与科举士子们苦心应试,经过激烈的竞争方得进士及第,却仅能获得任高官的资格相比,任子取得官位的时间要早得多,而且也容易得多。入仕以后,两者在官途上的晋升速度也是一个很大的问题。唐代,中世纪的贵族意识依然很旺盛,任子出身的人比进士出身的人在官场上具有更多的优势。吏部负责官吏的进退,但从吏部尚书开始,往下的各个官员多是门阀出身,寒门出身的人很少有机会在人事问题上置喙。而科举则由礼部所司,科举出身的进士仅能获得任高官的资格,想要得到实际的官员地位,还要再经过吏部的考试。吏部考试称铨试,科目分为身、言、书、判。身是容貌风采及应对态度;言是言语;书是书法;判是法律知识。从容貌风采足以成为考试内容这一点上来看,就可以觉察到浓厚的贵族意识,事实上,寒门出身者也每每在吏部考试中被黜退。

　　进入宋代以后,随着君主独裁权的加强,科举亦为天子直接控制。科举考试原来分为两个阶段,地方上举行的预备考试称解试,中央举行的正式考试称省试。解试在地方上的州举行,解试合格者集于京城,在礼部(宋代为知贡举)接受省试。到了宋代,又增加了一场考试,即殿试。殿试在宫中举行,故有其名,天子自任考官。一直以来,考官与及第者之间很容易产生弟子门生的私人关系,因此常常导致朋党之争,天子亲任考官后,这种危险便小得多了。因为天子一旦成为师傅,那么,进士便全是他的徒弟了。作为师傅的天子,若要作为徒弟的进士们尽忠全节,那么,谁都不会有半点越轨行为。宋代的进士都自夸是天子门生,所有的官员既然都是天子门生,那么,纵使官员的官位有高下之别,但他们与天子之间的私人关系却是平等的。这种平等的想法,也促使官员们衍生出了可以不经宰相的中介而直接与天子接触的意识,这又成为天子独尊这一近世制度的一个支柱。

更重要的一点是,所有的进士都是在殿试中经天子直接认可的人才。对于天子认可的人才,吏部等官员自然不能另有想法。其后,吏部的铨试有名无实,官位升进的快慢基本上由殿试的成绩决定。对大臣子弟虽然仍保留着任子之制,但靠父祖的余荫进入仕途被看成是男人的耻辱,于是乎大家争相用力,走向科举之途。中世纪以来家世特权的思想从而近乎完全消失。

一般来说,科举是用来选拔文官的,因此又称为文科举,另外还有以选拔武官为目的的武举,但后者几乎没有多大的意义。由于武将只有在战场上建功立业才能证明他的才能,因此单靠兵法和武技的演练并不能证明一个人的实力,所以武举出身的武官晋升速度非常慢。加上宋朝偏重文官,中央和地方上的要职悉数委以文官。中央的枢密院原本是以武将为枢密副使的,但不久即以文官代替。地方上指挥禁军的经略安抚使通常也是由地方文官兼任。武官的进退受这帮文官的左右,时常处于人下。在以后的历朝历代,虽然在大动乱之际或在开国之初有武将因功勋得以重用的时候,但一旦恢复和平,武官早晚会被逐出政治圈之外。由于文官任军部大臣成为制度,所以武将没有掌控军权的机会,像中世纪那样军阀叛乱、藩镇跋扈的现象也就没有了土壤和温床。

仔细考察科举制度，虽然其中包含着种种矛盾和弱点，但以考试的方式给予高等文官资格的思想，是极具近世特征的。普遍采用文官考试制度的，在西洋的英国是1870年以后的事，尤其是在武官选拔方面，长期以来实行买官制，到了1871年才引入了考试制度。而美国通过考试任用文官是1883年。如此说来，中国远在隋代就已实施科举考试制度，不得不承认其具有令人惊叹的进步意义。

科举的初衷是给四民平等的入仕机会，排除世袭贵族制度的弊端，但实际上并不是任何人都具备应试的条件，这受到很多经济条件的制约。科举考试的科目，简言之是古典的教养，若不是拥有大量的参考书，并有条件随师学习的自由的有闲阶级，其实是很难参与的。父祖已经是知识分子，子孙在家庭之中即可接受古典的基本教养，可以节省学费十之七八。富农、豪商若要依靠财力把子弟转变成读书人，也不是一件难事。但要一般中下层人民或每日为糊口而营役的人们利用余暇发奋求学，实在不是专业读书人的对手。到了这个地步，知识阶层很自然地就会固化，有知识就可以成为官僚，是官僚就可以积累财富，积累了财富，子弟就有可能游学。这样，从文化上来说是读书人，从政治上来说就是官僚，从经济上来说就是地主、资本家，以至于出现了三位一体的新贵族阶级，即被称为士大夫的那些人。

宋代以后的这种新贵族阶级，与中世纪的门阀贵族在性质上有着极大的差异。首先，士大夫家庭只能靠每个成员的努力去延续家庭的声望,而不能像中世纪贵族那样单凭自家的历史就能得以延续,如果懈于努力,即刻便会陷入衰败的危险。也正因为如此,他们很少像中世纪贵族那样,由于特定的贵族与贵族之间的政治斗争而被卷入内乱的漩涡,招致灭门惨灾。相反,亲戚知己相互声援,坚守读书人阶层的底线,他们的地位反而更具有弹性和韧性。其次,由于近世士大夫家庭的特权不被承认,因此,家庭没有门阀的高下等级,没有中世纪贵族那种排他的矜持心和自赏的封闭性,更加开放和自由。

不过,近世新贵族阶级的最大特色,还是表现在与天子的相对地位的变化上。中世纪的贵族,往往夸耀自家的血统比天子家的更高贵,而近世士大夫们则将自己的名誉和权力的源头全部归于天子。进士的资格是天子给的,官位也是天子赏赐的,只有获得了天子的恩惠,官僚才有可能区别于一般民众,成为特权阶级。天子的地位具有绝对的尊严,无可比拟。

在中世纪,婚姻是两家之间的结亲,通过联姻,才可以证明两家的家世门户是对等的。这种意识同样也适用于天子之家,因此而产生了外戚专横的弊端。这是因为天子家与皇后家在私人关系上是对等的,对天子家,外戚拥有最多的话语权。朝廷大臣无法抗衡外戚的权势,一旦外戚同时又是大臣,那么,篡夺之事则会屡屡发生。然而宋代以后,外戚只是一介臣僚,他们对政治的干预受到高度的警戒,并且,聪明的外戚为了保全自己,还力求远离政权。

　　明成祖为了维持极端的君主独裁制，防止外戚势力的膨胀，在为皇子们选妃时，极力选择那些庶民家的女子。缺乏教育、少有亲戚的庶民，即使成为外戚，也不必担心其在政治上指手画脚。即使有人因缺乏教育而又贪财，又因贪财而酿成弊害，这总比政治上有野心，乃至收揽人心篡夺权力所造成的危害要小得多。

　　宋代以后的新贵族，即士大夫阶级，对高高在上的天子，有如温顺的绵羊，因而国家也避免了中世纪那样因大臣专权篡夺皇位而引起的政治混乱。天子的地位稳定，一直可以持续到因外部的压力而使其亡国为止。不过，士大夫对左右的同僚，以及下层的民众未必总能那样谦逊。以天子门生而自负的官僚们，彼此都以忠君为口号，将政见不同的同僚称为奸臣，相互排斥，朋党比周，弊害无穷，政策上也因此缺乏一贯性。就拿北宋和明朝灭亡前夜的情况来看，虽然外敌已兵临城下，但内部政治斗争依然，怎能不误朝廷大事？

　　对于下层民众而言，官员就更谈不上是什么好的政治家了。个中原因无非是两点：第一，由于天子的独裁专制，官员的权限逐步降低，哪怕是些小事，官员也得一一向天子汇报，获得许可才能付诸实施，政治上的自由度大大地受到了掣肘。并且，地方官的任期大多在三至五年，在这样一个有限的时期内，政策无暇研究，实情不及调查。第二，官僚自身汲汲于营私，道德颓废，将民众的利益置之度外。

　　政府支给官员的俸禄，用当时的一般生活水平来衡量是非常低的。单靠俸禄解决一家的生计问题尚且困难,更何况还想为子孙留下些钱财,这些几乎都是不可能的。然而另一方面,官员却管理着庞大的国家资产,在与下层民众有关的经济政策的行使上也拥有相当大的权力,因此,官员地位的优越性,并不表现在他们的俸禄上,而在于他们在行使职权的过程中获得的特殊利益。官员在处理地方上的一些经济权益时,如国有土地的使用或转让、官用物资的采购或倒卖,等等,行贿受贿是常有的事。官员还会利用自己的地位,以亲戚、仆人等相关人员的名义进行商业投机,从中获得私利。只要是官员,即使拥有大量的田产也会设法逃避租税,甚至巧取豪夺,廉价兼并小民的土地。这些非法行为大多都能逃避法律的追究。据称,即使是行政官员中最下层的知县,在三年的任期中,也能积蓄起供子孙三代游闲度日的财产。

由于君主对官员的专横严加戒备,限制了地方官的任期,而且制定了官员不得在原籍任官等回避制度,因此,地方官成了无根的浮萍。官员借助地方培养自己的势力与中央对抗的弊端虽然消失了,但同时也失去了对地方政治的热忱,而地方政治还能够勉强运作,靠的却是胥吏。

胥吏原本出自为官府服役的百姓。在地方政治的运作上,尽量不采用征税的形式,由民众各出劳力共同协办官府的杂役,这是中国自古以来的理想。例如需要建衙门,民众则合力进山伐木,然后懂木工的立梁柱,泥水匠砌墙抹灰,会盖屋顶的把屋顶盖好,一分钱不花就可以把衙署建起来。衙门中的事务若让百姓轮值当班,也没有必要安排专人负责,当然也就没有必要支付薪俸。地方政治应该通过民众的这种奉献去运作。只是由于中央政府并不直接统治地方和民众,因此政府运作所需的费用才不得不采取征税的办法,将征收的地方租税送到都城。但是,地方上的州以及州下的县是直接管理土地和人民的官府,所以地方政治的运作,都必须由民众去承担,中央只是派遣数名官员进行监管而已。

然而,随着中央政府机构的日渐庞大并日趋复杂,尤其是唐末以后,兵农分离,供给庞大的军队成了中央政府的责任,中央对地方的物资需求也越来越多,这也导致了地方官府的事务变得复杂多端,需要有大量的办事人员,而且若非办事练达的专人,很多事情便不能顺利处置。到了这时,州县官府的办事人员也逐渐走向职业化,这些职业化了的办事人员就是胥吏。不过,胥吏的工作原本应该是民众承担的事务,因此没有薪俸,也不给予任何特权,只不过是所谓的庶民之官。胥吏是从普通的应聘者中招募的,若问民众为什么会踊跃应聘没有报酬的岗位,那么答案只有一个,那就是他们能够在工作中捞到油水。在物资的出纳以及办理诉讼事务之时,胥吏自然要收一些好处,其实在几乎所有的事务中,他们都有望接受贿赂。这样,官府的办事人员在可以通过捞油水来赚取私利的预期下,逐渐变得专业化,走向胥吏化。与之相反,在县以下的乡村,那些户长里正们,因为在平时的工作中只有花销没有所获,因此,民众之役被永久性地保存了下来,在租税以外给农民带来了沉重的负担。

　　胥吏本是民众之役,所以没有任何薪俸,也不经政府选任。胥吏职位的获得,通常是由各个部门的前任胥吏推荐的,长官的职权也只是认可而已。因此,即使长官知道下属部门中有自己不喜欢的人,除非发现他有明显的过失才能进行处罚,否则无法对其进行罢免,这有点儿类似今天"食粮营团"的雇员。[①] 而且由于各个部门的前任胥吏退休时推荐继任成为惯例,胥吏的职位在不知不觉中也成为一种股票,授受之际需要花费大笔的金钱。如果退休的胥吏不想把这项权利作永久性出让,也可以通过签约的形式规定继任者的在职年数。总之,胥吏的职位在民间变成了一种权利股,具有可以买卖借贷的性质。前任胥吏为了保障自己的生活,在自己的部门中以对待徒弟的态度培养下级胥吏,因此,为了筹足部门所需的日常经费、人头费,只能通过向民众征派费用和受贿的形式来进行。长官既然没有选拔或罢免胥吏的权力,而且任期也只是三到五年,对地方政治当然就缺乏热忱,大小事务任由胥吏处置,自己能做的只是闭着眼睛在文书上签字、盖章而已。胥吏是本地人,不但明了地方事务,而且通晓法律程序,亲戚、侍从把守着政府部门,地方政治一任胥吏包办,在地方官府中树立了牢固的地盘。长官即使认识到了这种弊端,但却没有挥斧肃正的实力。历代政论家都在讨伐胥吏所造成的危害,将之比喻成

① 营团,是经营财团之意。第二次世界大战期间,出于对战时经济的运作,日本政府设立了专门管理公益事业的特殊法人,由国家进行统制,"食粮营团"则负责战时全国粮食的调控。战后,除帝都高速交通营团外,其他均被废止。

"放百万之虎狼于民间"，但是，假设没有了胥吏的话，却又意味着一个社会的政治运作将会停摆。因此，当长官想出手肃正吏风时，胥吏则会结成同盟，以罢工对抗，结果必以长官的败退而告终。"官无封建，吏有封建"的叹息，便是在这样的情形下产生的。

聪明的长官决不与胥吏为敌。只要胥吏的营利行为不太过分，没有严重违背法律，长官则以默认为上策。事实上，长官本人的私生活也不能说是绝对清白无私的，倒不如说长官也在一定程度上利用胥吏，借助胥吏为自己牟取私利。长官所需的食粮、衣物以及日常生活用品如需胥吏采办，长官自然不必付费。在近世社会的官场中，上自天子下至知县，生日时无不举行盛大的庆贺活动，遇到这种场合，按例是由胥吏从中斡旋，收取大量的礼金，呈献长官。胥吏不仅是地方政治的运作上不可或缺的存在，也是地方长官私人生活中不可或缺的存在。

胥吏是官府的办事人员，这一性质决定了他们是知识阶层的一部分。在几乎所有的农民都是文盲的社会里，胥吏能看懂文书，具有一般的法律和经济知识，在有志于科举但久不及第的读书人中，也出现了改行做胥吏的现象。官员和胥吏，再加上一些居住在城市里的商人，这就是中国社会知识阶层的总和。所谓舆论，与占人口绝大多数的农民并无关系，而仅仅是这些居住在城市里的知识阶层的舆论。这种舆论时常因他们的阶级利益而被滥用和恶用。城市居民的资产调查常常被忽视，所有的负担都转嫁给了农村。在农村，地主的负担又转嫁给了小民。这样一来，如果农村因为过于疲弊而陷入生产困顿,而生产困顿又将导致社会混乱之际,有远见的政治家会尝试实施以公平负担为目标的新政策,或展开对私有土地的调查,但他们每次都会受到所谓的舆论的反对,穷于进退。宋代王安石的新法和明代张居正的土地丈量,便是其中最好的例子。其结果,社会的大势就是这样盲目地向前滑行,不到终点,无法停止。民众的负担越沉重,社会就越容易产生不公,社会越不公,民众的负担便越重,这种恶性循环,不是两三位政治家以人为制定的政策就可以阻断的。农民的力量非常轻微,没有组织,他们的诉求难以形成舆论,地方上农民一旦发起暴动,立刻就会被镇压下去。其结果就是,地方的疲弊影响到了中央,当中央政府疲弊到了极点,社会便开始陷入巨大的混乱。动乱的首谋并不是理所当然拥有反抗权利的农民,而是第三势力。这股势力不是国内的秘密结社,就是国外勃兴的异族势力。宋、元、明、清的易姓革命,就是这样完成的。因此,这样的革命永远是争夺政权的革命,是王朝的交替,而不是社会革命。宋代以后社会上形成的士大夫阶级制度,并未因王朝的交替而有所改变,原因就在这里。

四 东洋近世的民族主义
(Nationalism)

　　欧洲近世史的一大特点是民族主义的勃发。在封建体制下分裂的中世纪,因封建领主个人的欲望,毫无意义的战争接二连三,饱尝战乱之苦的不用说是广大的普通民众。虽然,建设一个真正为民众设想的政府这种思想会应运而生,但民族这一主体却不够清晰。于是,逐渐形成了一种主流意识,这就是鼓吹拥有同样的历史,享有相同文化的民族必须互相团结。在意大利这个曾经是世界中心的地方,虽然有人想复兴罗马帝国那样的世界国家,但空想的尝试均告失败,而建立以民族为基础的统一政府的理想,在其后的历史演进中得以逐步实现。

　　然而,民族这个群体并不是自然发生的。共同的文化和历史为民族的形成提供了重要的基础,同时,人类又不能离开土地而生存,因此,地域也成为民族形成过程中的重要因素。但是,自然的地域单位又不一定能够制约历史,在这种情况下,历史与地域之间会产生矛盾,民族的范围,也就不得不按一定的地域强行划定,而居住在这一地域范围内的人们,却又不一定完全拥有相同的历史和文化。这种现象,在欧洲那样的地理环境复杂的地区表现得最为明显,并且在国境地区表现得更加明显。结果,民族主义便成了一种意志力,即使有些矛盾,有些摩擦,都不得不通过这种意志来加以克服。正像力学中平均正负达到平衡一样,在某一个地域范围内,产生能够成功地统合大多数人的力量,这个地域就会出现具有近世意义上的民族。这种现象虽然在任何时代都会反复出现,但之所以在近世表现得尤其明显,其原因就在于文化的普及。在欧洲,文字的普及尤其发挥了重要的作用。在罗马统治时期,用来书写拉丁语的拉丁字母在欧洲得到了普及,居住在不同地域的人们,应用拉丁字母的音素,可以记录不同地域的语音。拥有共同的日常词汇的民族,因此在某种程度上也逐渐拥有了更加丰富的共同语言,彼此间的民族自觉意识自然得到了提升,而这种自觉意识便会朝着民族主义(Nationalism)运动的方向发展。

在东洋,秦汉帝国的领土扩张,与罗马帝国在欧洲的称霸可以一比。正如罗马帝国以阿尔卑斯山和莱茵河为界与日耳曼世界发生冲突那样,秦汉帝国以万里长城为界,遭遇了蒙古高原上游牧民族的抵抗,双方长期对峙不下。而进入中世纪以后,在欧洲,罗马文化渗透到了日耳曼世界,与之相反,在东洋,汉文化进入蒙古高原的程度却非常微弱。不过,在万里长城以南的内地,汉文化却发挥出了极大的威力。具体说来，在中国北方，凡是侵入到内地的异民族，他们从部落制到风俗语言，无一不被汉化；不仅北方如此，在中国南方，栖居在山间、与汉人对抗的异民族，也慢慢地同化于汉文化。其中的关键是构成汉文化基础的汉字，汉字是象形文字，乍看似乎非常不便，但它却是促使周边异民族走向汉化的一个主要原因。这种历史上带有贵族气息的文字，受先世经典的束缚非常大，无法自由地按说话时的语音进行记录。因此，各地方言中的语音差异，在用这种文字进行书写记录时便会消失，随着时代的发展而出现的语音变化，在写成文章后，也会因使用古典式的修辞手法而变得不见踪影。还有，汉字由于字形复杂，流传到异民族地区后，也很少有被其他民族改造的危险。这种带有贵族气息的文字，要想越过长城在蒙古高原长期过着游牧生活的北方民族之间扩展虽然困难重重，但在语言系统相同的中国南方各民族的豪族之间，却能够顺利传播，并且将他们逐渐改造成汉人贵族。在漫长的中世纪，中国的南方反而成为民族融合的舞台，避免了像欧洲那样在政治上陷入封建割据的状态。当北朝也逐渐汉化以后，重要的民族问题已不再是南北朝的对峙，反而是万里长城以南的汉人国家，与长城以北蒙古高原的蒙古系游牧民族之间的对立。

隋唐时期，土耳其系统的游牧民族突厥、回纥等，以外蒙为根据地，建立起了庞大的国家政权。值得注意的现象是，这些民族的民族自觉意识，以及与汉地民族的对抗意识逐渐浓厚起来。在唐朝的威势达到顶峰时期的玄宗开元年间,外蒙古的突厥出现了一位英雄阙特勤,阙特勤力图挽回濒临衰颓的突厥势力,并取得了一定成功。立于其根据地鄂尔浑河畔的《阙特勤碑》记录了他的功绩。碑的一面用汉文铭刻了唐玄宗对他的哀悼之词,其他三面则用突厥文字记录了当时的土耳其语语音,歌颂了他光辉的一生。自古以来未曾拥有过文字的漠北游牧民族,至此终于出现了可以记录本民族语言的文字。突厥文字的来历虽然不明,但有一点是可以肯定的,它不是在汉字的影响下产生的。这些文字可能属于西亚所用的叙利亚文字的系统,是一种表音文字,这一点非常值得关注。民族意识的昂扬,一定程度的文化,尤其是通过文字来记录本民族的历史,这一项是必不可少的。从碑上用土耳其语所记录的阙特勤事迹中我们可以看出,突厥已经察觉到了自己独有的国粹,并且有意识地去努力维持自己的国粹。《阙特勤碑》由其兄毗伽可汗所立,毗伽可汗在碑文中这样劝诫国人:

> 唐人言语甜蜜,绢物柔滑,以甘言柔绢,招引远民,与之接近。诱唆我民,谓远者给予恶绢,近者给予良绢。无知者惑其言,与之接近,被杀者多。吾突厥之民,如近彼邦,必将死亡;若留守于都斤之山地,只派遣商队,则无危险。能确保于都斤山之地,将永保国不灭。①

---

① 原著意译突厥文,汉译参照岑仲勉《突厥集史》。

从这些话语中，我们可以窥见突厥民族保存国粹意识的片鳞半爪。毗伽可汗曾计划在其根据地于都斤山的山麓兴建汉式的城郭都市作为都城，但为老宰相暾欲谷所谏止。暾欲谷说：

> 突厥人户寡少，不敌唐家百分之一，所以常能抗拒者，正以随逐水草，居处无常，射猎为业，又皆习武。强则进兵抄掠，弱则窜伏山林，唐兵虽多，无所施用。若筑城而居，改变旧俗，一朝失利，必将为唐所并。①

取代突厥占领漠北的回纥，乘着唐朝的衰颓，待唐有如属国。在文化上，回纥深受西亚伊朗系文化的影响，创立的回纥文字也远较突厥文字进步。回纥虽然在唐末受到更北的黠戛斯族的入侵而灭亡，部族分散，向南迁徙，但已经拥有相当高度的文化。有着较强民族觉醒意识的回纥，所到之处，总会卷起波浪。天山南路沙漠中的各城邦国家，原本属于说伊朗语的伊朗系民族，以回纥这个大部族的迁入为契机，这些城邦逐渐回纥化，最终改说土耳其语。以往游牧民族的频繁入侵和征服，在文化上几乎没有留下任何痕迹，而回纥的这次迁徙却大不相同，可以说是发生了质的变化。这就是说，已经掌握了文字的回纥人，将文字作为武器，强迫被征服民族使用回纥的语言文字，天山南路长期使用的伊朗

---

① 原著意译《旧唐书》原文，汉译据《旧唐书》卷一九四上《突厥传》。

系各种语言随之灭绝了。不过,天山南路土著居民高度发达的商业才能,加之这一地域在东西交通上的重要性,使得新来的游牧民族不久便变身为商人。从此以后,回纥人在中国便以练达的商业民族而著称。

回纥的另一部分余众,从外蒙朝着东南方向迁徙,来到今内蒙和东北一带,进入了契丹民族当中。东迁的回纥在契丹社会中激起了一些与西迁回纥稍稍不同的波浪,这就是刺激了契丹民族自觉意识的产生。契丹民族通常被视为蒙古民族的一支,是唐代以来便与中国长期对立的大部族。唐末,英雄耶律阿保机统一了契丹各部,以后又乘五代时期中国的分裂动乱,将领土扩张到了万里长城以南,占有今北京至大同一带,即所谓的"燕云十六州",继而建立了统合内外蒙古的巨大帝国,这就是在北宋一代与中国对立的辽朝。辽朝自太祖阿保机开始,历朝君主都有以萧氏为皇后这一不成文的规定,而萧氏据说本来是回纥族。太祖阿保机创立契丹大字,皇子迭剌创立契丹小字。虽说契丹小字形酷似汉字,但有人说也是应用了回纥文字的原理创立的。不管在契丹民族的政治大统一上,还是在象征民族觉醒的文字创立上,都可以看到回纥的影子,这种现象非常值得我们关注。

辽朝把大本营置于万里长城之外,一直坚守着自己的国俗。记载这个王朝历史的《辽史》,之所以能够成为中国历代正统王朝的正史之一,并不单纯是因为该书成于同样是北方民族的元朝时期而受到了特别的关照。以往兴起于北方的异民族,当其盛时,每每视中国为属国，但这种威势只能维持极短的时间，不久他们内部就会发生内乱，政局因此动荡不安，因此大多都不值得将之视为具有强固统治力的国家。然而辽朝的国家基础却极为稳固，雄视北方二百一十多年，对北宋采取对等的国交政策，毫无屈从之情。这是东洋史上前所未有的现象，这种现象的出现，也成为东洋近世史的一个特征。

辽朝境内除契丹民族外还居住着很多异民族，最多的当然是汉人，此外还有渤海人、回纥人、奚人等。有着如此复杂民族问题的国家，如果从过去的例子来说，最终的解决办法是采取所谓的汉化政策，即干脆放弃自己的国粹，采用汉人的文化，大家一起义无反顾地变成汉人，鲜卑出身的北魏孝文帝便果敢地推行了这种政策。然而，拥有一定程度的文化和民族觉醒意识的契丹王朝，却采取了另外一种政策，它把人民分成两大类，一类是有可能同化于自己的北方民族，另一类是无论怎样都难以同化的汉人。对于北方民族，用契丹传统的法规来加以治理，设置北面官进行统治，而对汉人，则用汉法来加以治理，设置南面官另行统治，形成了辽朝特有的双重体制。在北面官的统治下，对北方民族实施的契丹同化政策取得了一定程度的成功，这从契丹之后兴起的女真人金王朝将契丹小字原封不动地作为女真大字使用这一点上就可以察知一二。

建立在稳固统治基础上的辽朝，它的出现不能不使中国王朝固有的传统世界观发生重大的变革。秦汉统一王朝出现以后，中国实行的是皇帝政治,皇帝不单是中国人民的主权者,同时也必定是整个宇宙的统治者。皇帝是不能有对立面的,所有的一切均隶属于皇帝。因此,外国和中国的交际不可能是对等的国家交往,一定是朝贡关系。不过,这个皇帝制度因社会情势的需要有时也会出现意外的情形。像三国时期那样,中国内部同时出现了两个以上的皇帝,他们之间就不得不采取对等和平的交往。但当时也有谁才是真正的皇帝的论争,即所谓的正统论。南北朝时期,北朝将南朝贬为岛夷,南朝以索虏卑称北朝。即使在唐代大一统的局面下,当北方的突厥、回纥等占有上风时,唐朝皇帝也会表示出明显的卑屈心态,苦心博取他们的欢心,但这也仅止于所谓的仪从夷礼,并且这种交往通常不会持续多长时间。

然而,辽、宋关系却大异其趣。辽朝第六代皇帝圣宗越过国境侵入宋朝领土,到达黄河北岸后,宋朝第三代皇帝真宗也率兵亲征,两国最后缔结澶渊之盟,彼此愿意和睦相处。澶渊之盟缔结以后,两国之间展开了和平外交,直至北宋末年,百余年间没有变化,这是历史上未曾有过的现象。宋朝政府为了接见辽朝国使,还专门制定了一套礼仪,这就是现存《宋史·礼志》中的宾礼。在中国人的意识中,礼是万代不易之典,这一套礼仪承认了宋、辽两国的对等交往,这一点是非常值得关注的。国与国之间的平等交往,这种与欧洲的国际关系近似的观念,首次在东洋的历史上得以实现。

当然,这种观念上的转变,并不是中国一侧自发出现的,而是因辽朝的出现迫使中国在礼仪上不得不承认的一种现实，这一点意义非常重大。而强大的辽朝之所以能够建立，其基础之一就是他们民族意识的激发和民族主义的勃兴，民族意识的激发和民族主义的勃兴，正像前面我们所说的那样，不用说是因为他们的文化程度达到了一定的高度。但同时还应该指出，这也与中国对北方民族的态度转变不无关系，中国态度的改变大大地刺激了这些民族的觉醒，而这种状况，在稍晚于契丹、崛起于西北的党项民族国家西夏的兴起中看得更为清楚。

党项是吐蕃民族的一支，是唐代以后占据了黄河北部弯曲部分与长城之间即所谓河套地区的游牧民族。宋朝对当时兴起于东蒙古又不断西进的辽朝深感不安，于是招降河套地区的党项民族，试图将之作为防御辽朝的屏障。太宗曾收买了党项的酋长，并在这一带推行汉化政策，但这一政策反而招来了党项的反感，于是爆发了酋长李继迁的叛乱。

宋朝为了封锁李继迁，对边境贸易加强了管制。当时最大的问题是青白盐。河套地区靠近长城北侧的地方有名为乌池和白池的两个盐池，出产优质的青白盐，其中大部分被运往中国内地以供消费。党项族长期以来从青白盐的生产和销售中获取利益，作为生活之资。宋朝为了对李继迁的叛乱进行报复，下令严禁输入青白盐，严禁输入青白盐事情的后面，其实还有宋朝多年来希望完善内地盐法的意图，作为一种国内的经济政策，是想让内地人民只消费内地所产的食盐，禁绝外地盐的流入。不过，这项政策却带来了意想不到的坏结果，它促使党项变得更加团结。长城附近的党项部族过去一直保持温和的态度，至此再也无法忍受盐利的牺牲，于是一起背叛宋朝，投向了李继迁一方。到了李继迁的孙子李元昊时，党项终于建立了西夏王朝，攻入长城以内，甚至占据了今甘肃西部一带，成为世所公认的一个独立政权。由于河西地区控扼通往西亚的交通路线，因此，宋朝倾举国之力加以讨伐，但却连遭败绩，徒令国威扫地，反而不得不输与岁币，以求和睦。然而，西夏实力到底不及辽朝，没有能够取得与宋朝对等的外交地位，表面不得不依然保持着朝贡的形式。然而，宋朝实质上却并没有将西夏视为属国，西夏使节的接见仪式同样也载于《宋史》的宾礼中。

西夏为了记录本国的唐古特语，创立了西夏文字。西夏文字近年来由俄国的探险队进行了搜集，文字的构造已经比较清楚，可以看出西夏文字基本上模仿了汉字的造字方法，有偏有旁，同时存在会意字和形声字。

破坏了宋、辽、西夏三边势力均衡的，是兴起于东北的女真族所建立的金王朝。宋朝曾力图利用这个新兴国家的势力，与它结盟共同夹击辽国，但由于宋朝政治军事力量的衰落，新兴的金王朝实力过于强大，加上宋朝的外交政策屡屡失败，结果中国北部为金朝所占，宋室南迁，在大运河南端的杭州重新建都，版图也缩至淮河以南，是为南宋。中国历史进入了南宋与侵入华北的金王

74 朝的对立时代。

　　辽为金所灭后，族人耶律大石西走，得到回纥等民族的援助，于是，中亚锡尔河以北地区出现了一个哈喇契丹大帝国，中国历史上称之为"西辽"。契丹民族大团结的结果，能使其在失去根据地后依然在西方之地生存下来，其国力的维持几乎与敌国金朝相始终。

　　北宋在与金的战争中为敌所破，都城开封陷落，最后的两代君主徽、钦二宗成为金军的俘虏，这当然是前所未有的国耻。至此，南宋的士大夫对金人产生了强烈的反感。南宋与金兵交战，在处置俘虏时，曾把其中的女真人杀掉而将汉人放免。如果从儒家思想的原理来看这一问题，人各为其主，女真人为金朝而战是理所当然的，而汉人加入金朝的军队与南宋交战，这应该受到重罚才是，但是，当时身居要位的人却不这么想。在他们眼中，女真人是无论如何都无法感化的夷狄，他们不是人；汉人虽然应该尊崇宋朝皇帝，但由于皇帝的薄德，无法感化他们，所以他们实际上才是应该受到怜悯的人。北宋与辽朝缔结条约以后，两国之间就进入了长期的和平交往时期，南宋与金朝虽然缔结了条约，但其后仍然在国境线上屡开战端。在这样的时代里形成的朱子学，必然会带有强烈的攘夷思想。因此，到了南宋时期，可以称其为汉族的民族主义意识形态已经非常显著，这一点非常值得关注，这又是东洋近世史的一个特征。朱子学后来传播到了日本，在幕末维新之际，攘夷思想被用于现实的外交活动，给外交带来了诸多的困局，这些，我们至今记忆犹新。

　　若把目光从北方的长城内外移向中国的南方边境,同样也可以看到非汉族的民族主义在搏动。在云南,掸族建立的南诏国在唐末自立为大理国,至南宋末年一直保持着民族的独立,自称皇帝,设置百官。在大理之南的安南民族,虽然不时被编入中国版图,但长期以来不停地试图摆脱中国的羁绊,五代时期终于完全独立,在宋代称为大越国,名义上是宋朝的朝贡国,但事实上已经成为独立不羁的民族国家,后来演变为纯粹的外国。这一方面显示了他们的文化发展已经达到了一定的水准,同时也是因为当时中国不停地受到来自北方民族王朝的压力,无暇在南方伸出经营之手。因此,在南宋、西夏、金各国陷于矛盾山积、内外交困、国力衰竭之时,北方新兴的蒙古帝国开始以破竹之势一路南下,甚至征服了大理和安南,大理国从此永久地退出了历史舞台。

　　蒙古帝国极其强盛的统一意志,在一定程度上抹杀了好不容易才露出端倪的东洋民族主义,作为东洋近世史特征之一的民族主义一时趋于消失。这一点,可以将之视为原本在平行线上发展演进的东洋史与欧洲史出现了背离。民族主义的根基,当然不一定十分合理。欧洲民族主义的表现方式中,较之尊重其他民族的权利,更强烈的是主张自身的权利,因此,出现过的一些摩擦和抵抗,从一开始就被抹杀了。民族主义的着眼点在于同化和吸收弱小民族与少数民族,力图使之形成一个统一的大民族。在这个过程中,自然的趋同难度很大,必须要有一股文化上、政治上、经济上的强大的向心意识,并让这种意识的总和在统一运动的旗帜下不断膨胀，因此，各地因民族主义的兴起而形成的民族，不单是因历史、感情之类结合而形成的群体，更多的不如说是较量的结果。如果维系民族结合的力量十分强大的话，那么民族便会最终拥有共同的历史，享有共同的感情，形成永久性的民族团结。然而，民族主义常常会将自己无限扩大，带来最终走向帝国主义的危险。民族也好，国民也好，绝不是上天所赐、永久不变、无法改动的。在欧洲，由于地形上的分割和历史上的割据，各国国民所持有的民族主义的外延，自己也不得不承认有个限度，所以最终形成了多个民族并存的状态。这并不是因为民族主义本身谦让的结果，而是民族主义在现实中受到制约的结果。所以，在罗马那样有着特殊历史地位的地方，才会屡次出现梦想以罗马为中心重建世界国家这样空想的民族主义。

东洋近世的民族主义，由于地形的单一性，迫使各方都意识到不压倒对方绝不能罢休。蒙古人以蒙古至上主义君临汉人，他们期待汉人的蒙古化。事实上，元代汉族中也有人穿蒙古服，改蒙古名。假如蒙古的统治能长久持续下去的话，也许能给中国社会带来深刻的影响，但蒙古在中国的统治不满百年便告终，代之而起的是标榜汉族王朝的明王朝，以汉人为中心的民族主义随之登场。

明太祖的民族主义，似乎在于将异民族逐出中国，把那些残存在中国的异民族完全汉化，将汉人居住的范围全部视作明朝的领土，对外建立起坚固的国防线，主张中国不必为外国消耗国力。

然而，中国拥有绝对优势的资源和经济力，对于那些物资匮乏的外国而言，为了生存，势必会叩中国之门，乞求贸易。对于这样一种需求，明朝只允许与承认明朝的主权、对明朝皇帝执臣仆之礼的外国进行通商，因此，所谓通商，实际上采取的是朝贡的形式。换言之，明朝皇帝直接统治汉族，而对异民族，则满足于通过他们的君长实现对他们的间接统治。

但到了太祖之子成祖永乐皇帝时，认识到单以万里长城为国界，无法充分保证汉人居住地的平安，于是改变政策，尽量将国界线推向更加遥远的地方。在东北方面，一直进军至黑龙江口，招降满洲人。在外蒙，则将兵锋推至鄂尔浑河畔，招降蒙古人。在南方，也曾试图征服安南，将之内地化。虽然在安南遇到了意想不到的强烈抵抗，迫使下一代的宣德皇帝不能不放弃经营安南的政策，但对东北和蒙古，明朝始终都在坚持不懈地确保自己的主权，为了达到目的，不惜动用武力。及至明末，女真人建立了清朝，这实际上就是对明朝武力统治的反抗。

无论怎样算，满洲民族壮丁只有十五万，总人口不过五六十万，但以满洲人为主体建立的清王朝，能够进入人口比自己多出数百倍的中国内地，并维持了三百年的统治，实在是历史上的奇迹。清王朝兴起的背后，同样有着强烈的民族主义的勃发。清朝建立之初，梦想中似乎并没有推翻明朝而成为其后继者的野心。当时他们只满足于将满洲作为一个地域，在这个地域建立以满洲人为主体的国家，实现与明朝对等的国家交往。但是，在与明朝的对抗中,清王朝带动下的满洲民族出现了民族大团结,以惊人的速度一步一步地实现了推翻明朝入主中国的事业。毫无疑问,在这个过程中,对当年同一种族的金王朝集结满洲民族的光辉历史的回忆,必定起着重要的作用。然而,在金朝灭亡以后的数百年间,外部,在元、明两朝的统治下,满洲民族长期遭受蒙古人和汉人的压迫;内部,经历了满洲各强势酋长的割据争斗。因此,新兴势力之所以能够风云际会突然崛起,在清朝的旗帜下很快实现了民族的大团结,说到底是大势所趋。毋庸置疑,这是在整个东洋民族主义潮流的强烈驱动下实现的伟业。

清朝的统一,是东洋历史上最后的大统一。这次统一的地域范围,虽然不及蒙古帝国初期那么广袤,但在统治的牢固程度上却远远超出蒙古。蒙古帝国一开始便采用了封建制,因此,在领土扩展到了西亚的同时,分封的四个汗国也随之出现分裂,有手足之情的四汗国之间互相攻伐,大大地削弱了蒙古民族整体上的发展势力。居于宗主国地位、统治着帝国东方的元王朝,亦屡屡为诸王公的叛乱所苦恼。然而,清朝治下的满洲民族,在八旗制的统辖下,直至最后都甘于作为清朝皇帝的爪牙,其忠诚度从未有过折扣。尽管大多数满洲人在清朝的主权下得以统合的历史非常浅,但忠勤于清朝的岁月却非常长。这固然与周围的形势有关,此外,清朝的利益与满洲民族的利益完全一致,这也是一个重要的理由,但是,如果没有具有近世意义的民族主义潮流风靡东亚这样的时代背景,相信事情大概不会进展得那么顺利。

　　将政治上的统一趋势和民族主义运动作为近世历史的两个特征,可能会有人进行反驳,认为上述两者在性质上是难以相容的。不过正如前文所述,民族主义本来就不是自律的,从另一个侧面我们可以看到,在机会来临之际,它会出现无限地自我扩张的倾向。如果我们领悟到了这点,那么,在东洋的近世历史上,所谓大统一,不论是由占绝大多数的汉人来实现也好,还是由作为少数民族的蒙古人、满洲人去完成也好,都不是什么不可思议的事情。民族主义并不是对任何民族都是平等的,也不是任何时代都会出现的,因时因地,强弱有别。强与弱较量的结果是由力学的法则决定的,从强中剔除弱者,这就是答案。因此,欧洲因为民族主义的勃兴,少数民族和弱势民族遭到淘汰,最后在几个强势国家的对立之中安定了下来。在东洋,民族形成的主体出现在不同的地方,蒙古族、汉族、满洲族先后成为民族形成的主体,实现了大统一的局面。东洋近世的大统一,与东洋近世的民族主义并不是没有关联的,也不是互相矛盾的,相反,是民族主义发展和竞争的结果。

　　欧洲的民族主义,原本也有着无限发展的意欲,但在碰到现实的抵抗后,不得不承认与其他民族之间划定的国界。而东洋近世的民族主义,政治上的国界线几乎处于一种可以无限扩张的状态之下,这就是元、明、清的大统一。无须否认,这样做的背后,当然有着被征服者牺牲了的民族主义。这样的牺牲只是程度上的差异,欧洲的民族主义同样也难免这样的命运。如前所述,欧洲的民族主义在国界的划定上虽然非常现实，表示出了妥协的一面，但在国界线之内，却义无反顾地实行严峻的同化政策，其中，国家官方语言的统一尤其受到重视。官方语言的教育促使民族走向统一，并且几乎成为民族主义的核心，而国内少数民族的屡屡反抗以及因此引起的骚动，原因也就在这里。

东洋的民族主义，与政治上的国界线容易向前推进和扩张相比，国内的同化政策反而进展缓慢。尤其是在北方民族征服汉族的时候，从一开始他们心中就非常清楚，要想彻底废除汉族的语言和古典文化是不可能的。元朝也好，清朝也好，他们都没有强制统治下的汉族学习和使用蒙古语或满洲语，这并不是他们不想这么做，而是他们无法这么做。他们有时会选择在一些抵抗较弱的方面强制推行同化政策。清朝入主中国，强制所有的中国男子剃发，这就是一个最有代表的事例。如果我们将这件事与中世纪北魏孝文帝禁止鲜卑人用国俗、讲国语，强制穿汉服、用汉语的历史进行对比，便无法不惊讶。剃发令激起了中国人民的强烈反抗，暴乱频起，但清政府采取了强硬的态度，将这项政策彻底贯彻了下去。剃发是臣服清朝的标志，不剃发者被视为是有意反抗清朝，对这样的人，清政府绝不容赦。清朝强硬的政治势力终于让全中国的男子拖起了满洲式的发辫。经过了清朝长期的统治，中国人已将辫发视为中国固有的风俗，错觉中产生了感情。到了清朝末年，青年人剪去发辫，模仿西洋人的发型，被认为是背叛了中国的良风美俗，引起了老一辈的不满。因此，清政府并非不想让汉族彻底满洲化,让汉人写满洲字、说满洲话,只不过是因为办不到才不得不就此罢手。同样,汉族建立的明王朝,认可满洲人使用女真文字、女真语,允许蒙古人使用蒙古文字、蒙古语,与非汉族之间的沟通全凭通事翻译,满足于使用翻译文书。明朝的四夷馆,实际上就是因这个目的而设立的。

清朝几乎毫无改造地将蒙古文字作为满洲文字,用来书写本族的语言。但当他们以征服者的身份统治汉人时,却因面子上的原因,公文书原则上又是满汉二体并用。清政府虽然不禁止满洲人学习汉语言文字,但要求并奖励他们首先必须通晓满洲语文,因而设立了满洲语文的教育机构,并以满洲式的教养为考题内容录用满洲官员。但是,满洲人建立的国家已经不在满洲了,整个民族几乎都成为新的旗人贵族,移居到了中国内地。移居到内地的满洲人,人口不及中国的九牛一毛,文化又明显落后于汉人,虽然历代皇帝都以恳切的态度不厌其烦地训诫满洲子弟,但旗人们还是逐渐忘记满洲语,忘记了自己的满洲国籍,最终变成了汉人。其实,首先汉化的却是告诫满洲人不要汉化的皇室自己。在政治上将汉族纳入民族主义范畴的满洲人,在文化上却反而被汉族消极的民族主义所融化吸收。清朝三百年的历史,从一个侧面来看,就是满洲这个历史大民族的消亡,一种民族主义也因此消亡,连满洲民族数百年前大举移居中国内地后空出来的满洲故地,随着汉人的不断迁入亦已完全汉化。

如果元朝或者清朝都像近世欧洲那样,对征服民族实行严格的蒙古语或满洲语的同化政策,那么,他们在政治上不要说控制整个中国了,就是控制其中的一小部分都是相当困难的。这种强制政策必然会使汉地陷于混乱,而混乱之际必定会有新兴的反抗势力出现。元朝和清朝的皇帝们深知这其中的奥妙,像清朝那样,也只得满足于强行改变人们外形的剃发令。他们以缓和民族主义的内容为条件,并且牺牲了自己作为征服者的特权,从而在政治上换取了国界线最大限度的扩张。这是东洋和欧洲这两个近世社会的不同之处,但是如果寻根求源的话,那么可以发现,两者之间依然存在着共性,具有相同的发展趋势。

五 近世的文化

　　西洋的近世始于文艺复兴,这大概谁都没有异议。文艺复兴在思想上与宗教改革的结合最为密切,两者在否定中世纪这一点上并没有什么差异。但对中世纪的否定云云,是后人站在历史发展的立场上总结出来的一种说法,在当时只是对现状的一种否定。在这一点上,与后来发生的革命思想在本质上亦有共通之处。实际上,在文艺复兴时期的意大利等地,否定现状的运动或是后来发展成为以推翻现政权为目的的革命运动,虽然规模不大,但却未间断过。

　　从古代到中世纪的变迁是一个缓慢的自然过程,当然没有人会把这种变化视为理想并加以歌颂,进入中世纪以后,也几乎没有人会觉得自己生活在一个与古代不同的时代,他们感觉到的生活只是一如既往,与过去并没有什么不同。而对中世纪长期停滞不前的厌恶,以及认识到古代社会与中世纪社会的差异,这就是文艺复兴式的觉醒。文艺复兴就是这双重发现,作为人类最初的历史觉醒,具有重要的意义。

这种历史的觉醒,是在民众的文化达到了相当高度之后,并在经历了漫长的停滞不前的中世纪的背景下必然会产生的事物。文艺复兴具有历史的必然性,换句话说就是,它是衡量一个社会发展阶段的标准。在东洋社会,自宋代开始,即公元 11 世纪左右开始出现了文艺复兴的现象,如果这一观点能够得到认可,那么,这无疑显示东洋社会要比欧洲社会先进了许多。

因此,对文艺复兴的认识不应该只停留在思想意识的层面上,而应该将它作为建立在社会各领域之上的具有综合意义的评价社会进步的标尺,这个标尺既具有精神性,同时也具有社会性。为此,一些看起来似乎与思想的发展并无多大关联的事物,如绘画、科学发展等,也将之视为文艺复兴之下社会进步的特征之一,并将之纳入到文艺复兴的现象中去,使之成为文艺复兴内容的一部分,我觉得并无不当。

社会经济的快速发展,都市的发达,知识的普及,等等,宋代社会呈现出的各种历史现象,与欧洲文艺复兴时期的现象相比,两者的发展应该是并行的、等价的。尤其是在中国文艺复兴的初期阶段,我们可以看到独特的印刷术的发达。印刷术最初是在佛教盛行的背景下出现的,至少佛教经典的大量需求是促使印刷术发展的重要契机。宋代,佛教与儒学相互竞争,双方均致力于经典的印刷,后来儒学日益隆盛,佛教经典在印刷数量上的比重日渐减少。

　　中世纪的思想界，以儒、佛、道三教为代表，其中最具影响力的无疑是佛教。儒学作为朝廷指定的官学，虽然是政治上的指导思想，但是，佛教动辄渗透到宫廷之中。从事儒学教育的学校，虽然受到了朝廷的保护，但亦时常萎靡不振。相对而言，佛教不但渗入了知识阶层，也渗透到了一般的大众社会，庄严的佛寺随处可见。虽然佛教在世俗社会中的活动有时也会过度，扩张寺田，匿藏民丁，紊乱治安，甚至对政府的财政收入造成一定的影响，因触及主权者的利益而受到弹压，但是，不同时代中，每当发生主权者弹压佛教势力的事件，在背后策划的大多是道士。北魏太武帝和唐武宗的灭佛就是其中的好例。儒学并没有与佛教、道教对抗而自成一宗的自觉，只是作为一种学问，势单力薄地存续着。然而从唐后期开始，随着科举的日益隆盛，以科举出身的儒生为中心的社交界逐渐形成，从此以后，倡导儒学在思想界的独立性，并力图确立其对政治和民众的指导权的运动开始兴起，其结果则是儒学方面发起了以排佛论为形式的攻势，文豪韩退之谏迎佛骨之事即是其先声。

　　五代末期后周世宗的排佛政策并没有什么特别的思想背景，只不过是将佛教视为政治统一的障碍，对其既得利益加以掣肘而已。由于佛教是超脱世俗的宗教，因此，在中国朝着近世发展、社会再统一的政治意识强盛的时代，无论是在思想上还是政治上，佛教早晚都会失去指导力。然而，能够起而代之的儒学，此时还

没有建立起顺应新时代发展的阵容,而是在缺少法王制度的佛教
与其施主贵族一起走向衰亡的过程中,一步一步地感化帝王,从
而进入政治社会的,因此,中国最终没有出现像欧洲那样因宗教
改革而引发的狂热和兴奋。尽管如此,宋代的儒学者基本上都有
一种以排斥佛教教理为己任的自觉。

中世纪的儒学,以训诂学为代表。所谓训诂学,是穿凿经典
文字的学问,从其实际的操作方法来看,就是对经典的原文不断
地加以注释。所谓"经",是经圣人孔子之手整理出来的不容置疑
的记录。对圣人留下来的经典准确无误地进行解释,然后将之付
诸实施,是后世儒者的责任和义务。然而,随着时代的演变,新的
疑问不断出现,因而后世的儒者又必须不断地对之进行注释,以
期能够回答新出现的疑问。以《春秋》为例,《春秋》是基于鲁国
的历史记载并由孔子删定的经典,由于是圣人编定的,因此是不
容置疑的真理。为了避免后世可能会出现的曲解,与孔子几乎是
同时代的左丘明对经文做出了注解,这就是所谓的《春秋左氏
传》。所谓"传",就是对"经"的注解。传与经不同,它并非出自
圣人之手,但传至后世,传也被视为与经有同等价值的内容。到
了晋代,杜预为《左传》加上了详细的注解。到了唐代,孔颖达又
为杜预的注加上了疏。于是,在经典的原文之下,不断地加上传、
注、疏等注释,这就是训诂之学。

训诂之学的产生还有其他的原因。经书本来是彼此分离,独
立存在的,对某一种经书的研究达到了一定的水平之后就能成为

一家之学,而一家之学就可以成为一种专门的学问。在这样的情况下,各家的学问之间不必考虑相互之间的横向联系,也不必考虑经书与经书之间的相互关系。然而,自东汉开始,出现了一人兼治数经的现象,马融、郑玄等人就是这种一人兼治数经的大学者。在他们的治经过程中,势必会将某一部经书与其他经书进行比较,其中必然会产生新的疑问,为了解决这些新的疑问,他们必然会对各种经书同时进行研究并加上新的注释。到了唐代,科举盛行,科举试题通常是选出经书中的原文,要求考生对之加以解释,因此,必须要有权威的参考书作为答题和评价的依据,这就是唐代通过敕命的方式颁布《五经正义》,即政府认可的五经注疏的原因。为经书作疏,旨在解释、融通各经之间的相互矛盾,这需要站在综合的立场上对各种经书的字句词意进行说明,当然这就需要某种理论,但这种理论是极其乏味和枯燥的形式主义论理,例如甲经与乙经所载的内容不同,那么他们就会将之视为是夏殷周三代的礼不同,甲叙述的是殷礼,乙叙述的是周礼,通过这种解释去消弭两者之间的矛盾。其实这只能是一种牵强附会的理论。《五经正义》颁布之前,这一类的注疏早就存在,以后,模仿《五经正义》的形式为其他经书作注疏的现象也层出不穷。进入宋代以后,过去并未被视作经书,而只是传一类的《论语》、《孟子》,也分别出现了邢昺、孙奭的疏。后世被称作“十三经”的经书,全部都加上了疏。训诂学虽然是中世纪的学风,但这些注释学者与欧洲中世纪的经院学派(Scholiast)一样,生活在古代社会的延续中。

而到了宋代,出现了与训诂学一刀两断,直接从古代的原始儒学出发的学问,最终产生了朱子学。宋初《十三经注疏》的完成,一方面意味着训诂学已经走到了无路可走的尽头,进入了学问的死胡同;另一方面,也意味着针对训诂学的枯燥无味,提出了必须拿出新的方法来吟味儒家思想,以期打开学问僵局的要求。两者的共同作用,成为宋代新学产生的土壤。

训诂学既是一种统一注释的学问,又是一种阐明经义的学问。经后加传,传后加注,注后加疏,传、注、疏这些附加部分通常都要比经文长数倍。《春秋》的经文极为简单,合计不过一万六千七百八十一字,但《左传》则达十九万四千九百五十五字,注、疏合在一起,俨然成为巨帙鸿篇。对于经书中的"曰若稽古"四个字,汉代的秦延君曾经用了三万字去进行说明。按这种方法去解释经文,难免混入许多无用之物。经文解释得越详细,原意就变得越晦涩。针对训诂学的这种弊端,从唐后期开始,逐渐出现了直接阅读经书、把握经书真意的新学风。这种学风不再是演绎之学,而是归纳之学,集这种学问之大成者就是宋代的朱子学。

训诂学的另一个特点,就是以礼为中心展开注疏释义。经书是古代帝王的言行记录,包含了古代的各种制度。站在儒家的立场上来看,制度就是礼。古代的礼是什么样的,它与现代的制度之间又有什么样的关系,这是训诂学者最感兴趣的问题。然而,宋代距离经书产生的年代早已过了千数百年,就此想恢复古代的制度,这无论如何也是办不到的。从这一点上来说,中世纪的训诂学者试图在古代历史的延续上找到自我，但是他们没有意识到自己所处的时代已经不再是古代，而是与古代相距甚远的中世纪。与之相比，宋代的学者们认识到了古代和中世纪的变迁，既然古代与现代之间已经经历了中世纪这么漫长的岁月，因而他们大多不把经书中的内容视为礼，更放弃了将这种礼在当代复兴的意念。不过，这不是说他们全然忽视了古代的价值，他们只是在思考经书所具有的真正意义，要复兴的是经书中的真实部分，这样产生出来的就是否定中世纪、复归古代的文艺复兴思想。因此，宋代儒者最感兴趣的书，并不是发生在孔子以前、据称是孔子删定的历史记载《五经》，而是记录孔子本人思想的《论语》和被认为是传承孔子正统思想的《孟子》，以及处于两者之间的《大学》、《中庸》，即后来合称的《四书》。《四书》被定为理解儒家学问的入门书，实际上比《五经》更加受到尊崇。这一现象意味着动辄成为礼的《五经》让人敬而远之，而容易成为哲学的《四书》，其真正价值已为大家所认识，儒学作为真理之学，作为伦理之学于是得到了复兴。在这一点上，可以说宋学确确实实复归到了原始的儒学。

对儒学这种认识上的变化是一种思想解放，不打破旧有儒学框架，新儒学则难以诞生。这样一种思想解放亦滥觞于唐代后期，尤其是到了北宋仁宗时期，猛然成为一股潮流——不再拘泥于经书的传注，直接面向经书，力图成就一家之言。其中有一位叫作龙昌期的人，曾经发表过相当激烈的言论，可惜其著述没能流传下来。龙昌期的言论受到了一部分学者的极力推崇,但也受到了一部分学者的猛烈批判,他甚至将周公视为大奸,以至于被告发思想危险,著作的雕版也遭到焚毁。苏老泉的《辨奸论》如果不是伪作的话,那么很有可能就是针对龙昌期而写的。

在这股思想解放的浪潮之中,佛教和道教的很多内容作为一种思想亦为儒者所摄取,其中就有太极之学。太极学说似乎源出于道家,周濂溪据之著述《太极图说》,后来朱子等人也接受了这一学说,太极学说因此成为儒学宇宙观的中心,甚至连阐发人生观的性理之学也是从太极说中演绎出来的。朱子自己志在为《四书》、《五经》做新注,再由其门生集大成。所谓新注之学,就是以太极学说为根本,用太极的理论去重读古代的经书,以期为经书注入新的生命力。

由此可见,若想理解宋学的中心思想,单读《四书》、《五经》的新注是不够的,必须要从理解太极图说开始。然而,太极图说虽说是一种哲学理论,但却没有对这一理论形成的过程作出阐释,只是将思索的结果在平面上进行排列而已。因此,如今想要理解太极图说,必须将其省去的理论形成过程补充进去,这项工作非常难以对付,并伴有一定的危险,然而不能不做。

所谓太极图,正如下图所示,是一种奇妙的图式,据说其中蕴含着宇宙的秘密。《太极图说》的内容,说实话我们今天很难读懂,不过想象其大意并用现代语言翻译出来的话,其意大致如下:宇宙间的万象,如果将其分类,则可分成木、火、土、金、水五行,即

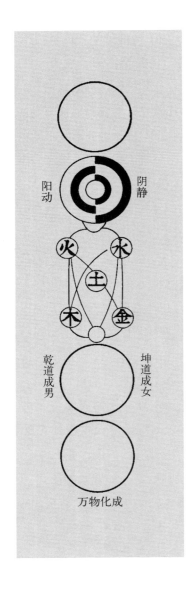

太极图

五要素。这五要素是具备了质的特征的最小原子,只要质保持不变,那么,便不能再作分解。不过,如果破坏了原子使其失去质的特征,那么,各原子就可以分解为阴阳二气。由于阴阳具有相反的性质,因此,作为质的原子就可以通过正、负量的较量被分解。这种阴阳或五行的物质世界可以命名为气。这样的物质世界,就像在日月的运行、春夏秋冬四季的循环变化中看到的那样,是按一定的法则在运动着的,这个法则可以视作一种精神上的力量,可称之为理。宇宙就是由作为精神力量的理,与作为物质形态的气构成的。

然而,理和气之间是一种什么样的关系,这可以通过极端的事例来进行思考。气是永动不休的,运动需要时间。现在,把时间无限地细分至几乎等于零,然后再想象那个瞬间,由于没有时间、没有运动的空间是一个死亡了的空间,因此,当时间的轴归为零的时候,空间以及存在于这个空间中的所有物质也在一瞬间消失。这样的世界,是不容许气存在的世界,但作为精神的理,它的存在并不需要什么空间,因此,没有了时间,理也依然可以存在。因为没有了时间而消失了的物质世界,实际上并没有消失,只不过是被包含到了作为精神的理的中间,无法看到而已。这种状态称为太极。物质形式全然消失、什么都没有了的世界也称为无极,但是,在给予无极世界时间的那一瞬间,气就会发动,即刻就会呈现出一个包罗万象的世界。由于无极世界蕴含着这样一种力量,因此,同时又被称为太极。

　　带着这个理论重新审视太极图,大体就可以看出宋代的儒者究竟想利用这个图去表达些什么。第一部分的无极而太极,是被夺去了时间的世界,是无的世界。但这个无,并不是像甲减去甲以后形成的那种空虚,而是有限的宇宙被无限地细分直至归零的无的世界。因此,只要赋予时间产生运动,便会进入第二部分的阴静阳动的世界。当然,阴的静是与阳的动相对的静,并非太极中那种绝对的静止。阴阳二气的世界,即刻会发展成为第三部分的五行世界,这就是展现在我们面前的现象界。不过,五行依然是无气物的世界,是无生物的世界。这个五行世界中的一部分向第四部分的生物界发展。在生物界中,阴阳被说成乾坤,乾为男性,坤为女性。由于男女两性的交合,发展成为第五部分的万物化成世界,这个世界是有机物的世界,同时也是人类的社会。以上就是对太极图带有想象性的说明。

　　太极说不止于宇宙观,也可以应用在人生观上。人生于宇宙之间,必然同时兼有理和气,从而产生人类性质的两面性。受自于理的,称之为天然之性,受自于物质性肉体的,称之为气质之性。天然之性与主导着日月运行的理性质相同,具有恒久性,同时又具备了中庸之德。这里必须加以说明的是,自古以来,在中国的哲学思想中有一种强烈的倾向,这就是不承认善与恶在性质上有什么差别,善与恶的差别只是程度上的问题。人类的各种行为,都被赋予了适当的度,这就是中庸,与中庸一致的行为就是善,古圣贤王以中庸为法则将之成文化,这就是礼。合乎礼的行为是最高的善，违背了礼，无论是过还是不及，同样都陷入了恶，并且距离礼愈远，恶就愈大。例如，为亲服丧，自有古圣贤王所定之礼，依礼实施，便是最高的善。丧期定为三年，缩短、延长都不可以。若孝心过强，想延长三年之丧，这无疑是背礼，是最应受到谴责的邪道。中庸通过具体的礼显示出来，从结果上看，中庸之道是最恒久的，是无论什么时候都不会陷入困境的道。中途想有所变更，这就不是中庸。中庸的庸，解释为常，就是恒久的意思。日月的运行，四季的循环，正是最能发挥天地间中庸之德的现象，具备了成为人类楷模的恒久性。因此所谓天然之性，也就是与日月运行、四季循环周而复始畅通无阻一样的恒久性，也就是与中庸一致的东西。若要问人类既然具有天然之性却为何无法恒久行动，那么，原因就在于同时具有气质之性。

气质之性是来自肉体的性质，也就是感觉或欲望。欲望本来不一定就是恶的，但恶却起自于欲望。这就是说，因为产生了欲望，天然之性中的中庸性受到了歪曲，人类的行为于是也就出现了偏差。所谓圣人，就是极度磨炼气质之性，使之与天然之性没有差别，永远不背离中庸的人。一般的人，气质之性必然有偏差，于是表现出了不合中庸的行为。所以，作为修养，就是不断地回归天然之性，将气质之性朝着与天然之性相同的方向发动的训练，这就要求我们总是有意识地处于精神上的太极状态，即处于无念无想的境界，在这种状态下，气质之性被包含在天然之性当中，完全进入天然之性，进入圣人境界，这个状态就称为敬。由于宋学的重点就放在这些有关人性的问题上,因此又被称作性理之学。

宋学是一种复古运动,正如前文所述,它的意图在于排斥中世纪的训诂学风,探索古代纯粹的儒学真意。客观地来看,宋学所采用的理论,总是让人觉得它来自佛教。但是,太极的所谓无,并不是佛教中的空。其中所用的极限理论,正如孟子以四端去证明仁,在无心的行为中去认识善一样,不用说是儒学思想的发展,并且将善解释为中庸,承认中庸具体化、成文化了的礼的价值,因此在任何一点上都是极为中国式的。宋学一方面阐说无的概念,而最终却是入世的思想,并不像佛教那样是出世之教。尽管宋学亦被后世指责表面上是儒学而实际上是佛理,但宋儒自己却一直以宋学为世间有用之学,这也是宋儒一向排斥佛教,称其为出世无用之教的理由。

总之,宋学虽然标榜复古,但实际上却是以重新整理儒学而告终。儒学是否是宗教,历来议论纷纭。但儒学既然有经,经文是不容置疑的真理,是信仰的依据,又有礼,规范了人们的行为方式。经和礼对应着佛教的经部和律部,只是在相当于论部的方面,之前远不及佛教,而宋学的功绩在于证明经文的真理,树立儒学独自的宇宙观和人生观,换言之就是增强了论部。这些内容见于《太极图说》及其以后的宋儒著述。到了明代,这些著述被收入《性理大全》,与《五经大全》、《四书大全》相提并论,帝王也给予了正统之学的权威,成为科举考试中经文解释的标准。

　　儒学的礼相当于佛教的律,但随着时代的推移,古代的礼已无法按其原貌实行,而且在礼的解释上也常常出现疑义。朱子编纂的《朱子家礼》,将古代的礼简易化,并对其进行重组,成为以后中国社会婚冠丧祭的依据。中世纪以来,贵族士大夫家庭的丧祭中往往混合了佛教仪式,北宋时期则多用半佛半儒的妥协方式,朱子以后,因普遍尊崇《家礼》,佛教的色彩完全被排除,只是在民间,虽然以《家礼》为准则,但仍免不了杂糅一些佛教或道教的仪式。

　　在宋学形成的过程中,儒学并没有刻意否定佛教对自己的影响。另一方面,佛教到了唐代中叶也发生了很大的变化,逐渐适应了中国本土社会,净土宗的兴隆及禅宗的盛行正是这一现象的反映。尤其是禅宗,其不立文字的主张,很明显是与印度佛典绝缘的声明。禅宗的清规是对印度式戒律的重组,使之更容易在中国的风土和社会中得以实行,这与《朱子家礼》的精神一脉相通。宋学创造出了所谓的道统系谱,祖述从古圣王开始经过孔子渐次建立起来的传承过程,这大概是直接借用了禅宗的法灯相传思想。讲到禅宗的法灯思想,有意见认为其来自密教的秘密传受,但实际上这种思想在孟子时代的原始儒学中早已存在,因此,绝不能简单地认定是佛教影响了儒学还是儒学影响了佛教。在禅宗看来,自祖师达摩从天竺来到中国以后,真正的佛教就已经在中国流布,以后再无必要重新向印度学习佛教。从这些观点来看,禅宗认为自己已完全归化中国,与印度毫无关系。

到了宋代,禅宗与儒学士大夫之间的关系日益加深。然而,中国的禅宗传到日本以后,似乎并没有在武士社会中成为人们想象中的那种意志修养,反而成为一种具有丰富的文学情趣的诗一般的宗教。禅房往往成为士大夫的小型社交场所,而舍命参禅的士大夫实际上一个都没有。不过可以想象,士大夫在与禅僧交往的过程中,佛教的哲理自然会浸润到儒学之中,因此也就产生宋儒性理这一类的学说。

与集大成的朱子相对,别树一帜的是明代的王阳明。阳明学的整体构思更加接近禅宗。阳明学与宋学的差异并不表现在哲学体系本身,似乎只是议论的方向不同而已。阳明学的出发点是心即理。心,就是我的自觉,这个心就是理,而这个理,其实正是朱子学中提倡的理。只是朱子学的前提是太极说,从宇宙论出发来说明人性,这犹如用物理学来谈心理学,用心理学来谈道德。相对而言,阳明学的出发点是认识论,并试图以此达到宇宙论。所有的学问,都以我这个自觉心为根本,在心之上构建哲学,圣人的经典,也不过是心的表现形式之一。作为阳明学先驱的宋人陆象山,就是从这样的立场出发,道出了"六经不过心之注脚"一语。在阳明学中,经书不是因为圣人所造才受到尊敬,而是因为是心的真实流露,因此才值得尊崇。这一言论想表明的思想是,经学的出发点是心与经典相撞后产生的共鸣。

如果说中世纪的训诂学是佛教中小乘式的儒学,那么,宋学就是大乘式的儒教。训诂学全心全意以经典为依归,且在论说经典时以礼为本。到了朱子学,儒学成为论议的中心,与外在的东西相比,其重点放在了真意的探求上。不单远远地瞻仰圣人,而且主张凡人亦可通过修养成为圣人。到了阳明学,这一点得到了进一步的强调。"满街圣人"这一阳明学的教规,与禅宗公案中"悉有佛性"的思想是共通的。

阳明学称为心学,主张学问不是读经书,而是反省我心,也就是说,即使没有经书,学问同样可以成立。在阳明学的末流中,果然就出现了远离经书研究,耽于空谈哲学的倾向。宋代以后,印刷术已经非常成熟,书籍开始普及,大儒们的语录相继出版。由于语录更易读,因此非常受一般读书人的欢迎,朱子的《语录》、王阳明的《传习录》等是其中的代表。即使不去钻研经书,只要读了语录,那么就可以轻松地了解当前学术界的热点问题,以及各位学者对这些问题的见解,仅凭这一些,就足以在学问的社交圈内找到话题,然后高谈阔论。看来,语录就像是今天的学术期刊。语录盛行之后,学者们也日渐远离经书,明代的儒学疏于语言学和历史学的研究,几乎没有给后世留下什么基础性的著作,其根本原因即在于此。

儒学原本是一种经世致用的学问,虽然其本身并不足以成为一门政治学,但如果将之视为礼,那么,依然具有若干的政治约束力。儒学发展成为宋学、明学以后,带上了明显的思辨色彩和哲学色彩,变成一种日益游离于实际社会之外的观念之学。阳明学虽然提倡"知行合一",但在其末流之中,"知行合一"最终也沦落成一种概念上的游戏。

面对心学的日益空虚，以及语录学的轻薄浮夸，到了明代中叶，学术界终于出现了反省的迹象。这种迹象最初表现在，尝试从历史的角度而非思想的角度去把握最基本的经典——《四书》，这是从阳明学向朱子学回归的一种复古主义表现；同时，有意识地用科学的态度去重读经书，并对经书进行实证性的考据。这样的学术倾向，在经历了明朝的灭亡和清朝的入主这一历史大变动之后开始显现，这就是清朝考据学的形成。

明末的大乱令儒学者一时远离了政治圈，以明朝遗老自任的大儒们，从而也就有了潜心治学的机会。由心学向宋学的复古，也渐次促成了他们由宋学更往汉学的回归。其实宋学提倡的复古并不是纯粹的复古，他们的成就止于接受佛教的影响组建了一个变形的儒学，如果要恢复佛教传来之前古代中国精神的真面目，那就必须回归到汉代以前的学问，这就是汉学复兴论的主张，而在这样一种学问复古中所采用的方法，就是考据的方法。

为了探求古典儒学的原始意义，首先必须从文本的批判（text critique）入手，参照各种版本加以校订，纠正数千年来传抄过程中出现的文字错误。接下来，为了更好地理解经文，又必须依赖语言学的方法。在给传承过程中出现的谬误下判断并加以纠正时，必须通过可靠的、科学的批判方法，纯粹且客观地说明致谬的理由。文字的订补也好，读音的纠正也好，必须举出纠谬的证据，这在过去的中国学术界是从来没有过的，是一种崭新的学术风气。

清朝考据学的背后,跃动着旺盛的科学精神。

但若要问这种科学的精神何以到清朝才得以如此强大,我以为这可能与西洋学术的影响有关。明末开始,耶稣会传教士来到中国,部分最新的欧洲学术随之传到中国,中国的地理学、天文学等实学为之面目一新,这种影响不久也波及经学的研究,如果真是这样,那么欧洲的文艺复兴文化,可以说很早便影响到了东洋的文艺复兴。清朝的考据学者无一不是倾毕生之功致力于考据之学。对于过去几乎无人怀疑的《尚书》,阎若璩却发现其中混入了伪作的《古文尚书》,这个业绩成为考据学领域中最令人瞩目的成果之一。

近世儒学虽经几度变迁,但其思想的主流最终不外乎宋学,明学不过是把宋学推进到了认识论罢了,清朝的考据学也不具有独特的理论,只是在方法论上有其特色而已。儒学者的生活依然遵从《朱子家礼》,他们的行为从根本上来说体现着朱子学的思想。正是朱子学的出现,使中国的思想界从中世纪迈进了近世,从超越训诂学这一点来看,这无疑是一种文艺复兴。同时,从否定佛教的主导地位这一点来看,更是一种宗教改革。

在文学方面,以宋代为中心,也可以见到类似文艺复兴的现象。值得注意的是,在文学领域呈现出了两种相反的取向,一是古文的复兴,另一是白话文学的诞生,而两者在否定中世纪这一点上并无异趣。

汉代以前的文章,虽然并不是当时的口语,但似乎是与当时的口语相当接近的文体。进入中世纪以后,口语与书面语言之间的距离逐渐增大,书面语言成为一种修辞性极强的文体,即所谓的四六骈俪文,并且一直延续到唐代。唐晚期出现了韩退之,北宋初期出现了欧阳修,他们都排斥四六文,提倡模仿汉代的古文,创作文词达意的文章。他们模仿的对象似乎是司马迁、班固这批人,这或许可与欧洲文艺复兴时期流行的希腊语研究相比。不同之处只有一点,这就是对当时的欧洲人来说,希腊语是外国语,而对中国人而言,汉代的文章是本国语。

与此并行发展的是唐末开始出现的白话文。白话文是一种口语体的文章,从近年英法等国探险队在甘肃敦煌发现的古抄本中可以确认,唐代已经出现了这种口语文学作品。进入宋代,随着都市文化的发展,作为大众娱乐的戏剧表演和说唱艺术也大行其道,而这些脚本无疑都是用口语体写成的。唐代,诗歌在文学发展史上虽然具有划时代的意义,但诗歌究竟在多大程度上可以与乐曲合拍歌唱,这并不清楚。到了宋代,与实际的乐曲可以合拍歌唱的词流行起来,著名的文人、学者也相继加入到了作词的行列之中。唐诗和宋词,可以说是中国韵文中的双璧,但宋词在自由灵活使用白话这一点上远远胜过唐诗。另外,还有一个更不应忽视的方面,这就是宋代以后儒者僧侣的语录,这些语录是门人对自己老师的谈话的如实记录,因此完全是口语体的形式。

文章的口语化,在元代蒙古人的统治下有了进一步发展。这

个时代,儒学一度失去了官学的地位,科举亦长期停试,中国人的

生活因此暂时从古典中得到了解放。天子所下的敕语圣旨,由蒙古文直接译为汉文口语发布,法律条文的书写用的也是口语。在这样的时代里,出现了以戏剧脚本为代表的众多的优秀白话文学作品,留传至今的《元曲选》等是其代表。明代被整理成今天我们可以看到的《水浒传》《三国演义》这些长篇小说,其实在元代就以民间文学的形式不断成长,日趋洗练,正在朝着成熟的文学作品发展。

天子的敕命圣旨,用口语体书写并就此颁告天下,这种习惯为以后历代所沿用。天子对臣下的上奏,以"知道了"等俗语加朱批,一直持续到清朝末年。但在下达长文敕语时,因由臣僚另外起草,所以还是使用着贵族式的四六文或古文,不过直至明代初年,所下圣旨似乎仍然使用着相当长的俗语。

明代以后,《水浒传》《三国演义》,还有《西游记》《金瓶梅》这一类白话文小说接二连三地出现,在读书人之间一时风靡。这类小说只要粗通文字就能阅读,以至出现了沉溺耽读的情形。只是读书人以传圣人之道为己任,至少在表面上不得不斥之为市井俗文。民国以后,新文学运动兴起,提倡白话文,至此,元曲、《水浒传》这类作品才被看成是中国国民文学的精粹,受到了高度的评价。宋代白话文学的盛行,与欧洲文艺复兴时期的国民文学可以一比,虽然是近世社会的一个潮流,但想要得到社会的公正评价,却不得不等到帝制的灭亡之后。

欧洲文艺复兴最显著的表现之一是绘画艺术的发达。事实上，当我们说起文艺复兴时，最先想到的不单是《十日谈》和《神曲》，还有达·芬奇和拉斐尔。文艺复兴不单是对古代的复兴，更是人类文化发展过程中的一个关键时期，站在这个立场上来看，绘画艺术在相当于东洋文艺复兴期的宋代出现重大转折亦非偶然。绘画艺术的发达，是扎根于人性深处的一种需求。只是从绘画作品本身来说，东洋和西洋并不一定具有相似性。

在古代中国，学问也好，绘画也好，似乎都只停留在封建性的行会组织之中。进入中世纪以后，学问转向贵族社会，自然也就摆脱了行会的束缚，不过在绘画方面，却依然处于画匠组织的独占之下。首先把绘画从这个行会中解放出来的，恐怕与画僧的出现有关。事佛的僧人，他们并不是职业画家，只是没有绘画专业技术的外行，他们画佛，谁都不会提出异议。此后，文人学者也跟着做起了业余画家。所谓的文人画、士大夫画，在唐朝已经非常盛行，与职业画家的生产性相比，文人画的数量不多，因此反而受到了贵族社会的重视。可以说，被称为南画的这种新的画风，就是从这种业余画中产生出来的流派。

职业绘画的技术，是在画匠行会组织中由师父向弟子传授的，传授方法虽然严谨，但很容易受形式束缚，最终沦落为装饰画。徒弟为了模仿师傅的画风，自己的个性很快就被扼杀了。可是业余画却可以不拘流派，随人的个性自由发展。历来的绘画，其主体似乎都是墙壁和器物外表的装饰画，在绢帛或纸张绘制的只是一些粉本。而粉本本身成为鉴赏的对象，或者将绘制于纸张或绢帛上的绘画挂在壁上欣赏，这出现得很晚。本来，为了达到装饰的效果，绘画的主要形式是以浓烈的金碧色彩涂绘出的人物、楼阁这类题材。但随着业余画的发展，与书卷的大小相似的画卷受到了文人的青睐。其中的代表作，有留存至今的唐代王维的《辋川雪景图》。至此，画卷不再是粉本，其本身已成为考究的艺术品。既然绘画已经变成案头披展观赏的作品，那么，与强烈的色彩相比，线条的趣味性则变得更为重要，于是，绘画也就一步一步地接近了后世南画的画法。墨守传统画法的所谓北宗派，与发明新画风的南宗派，两者之间的距离在唐末五代时期越拉越大，到了宋代更是清楚地分成了两派。

五代时北方中原地区军阀王朝更迭之际，无一不是攻战不息，而立国于江南和蜀地的割据政权则政情安定，在君主的保护下，独特的美术和工艺得到了快速的发展。尤其是在南唐国境内，作为绘画基础条件的制纸、制墨、制笔等技术均有进步，供南唐王室使用的澄心堂纸尤其有名。中国独特的造纸技术，生产出了比绢帛更加宽广的纸张，不需拼接就可以画出大幅的画来。另外，装裱技术的发达，也使绘画可以毫无损伤地装裱成挂轴或卷轴以供鉴赏。中国画与欧洲画的背道而驰，有不少是受到了绘画材料的影响。

北宋时期，历朝天子均在宫中设立画院，召集宫廷专职画家待诏，使其一心作画。北宋末徽宗在位的宣和年间，此风尤盛。绘画的题材虽然不限风景、人物、花卉、翎毛，但极富彩色的花鸟画成为所谓宣和美术的最大特征。宣和美术的技巧极为纤细,反映了当时以宫廷为代表的上流社会的喜尚,称为院体画,可以说是当时画坛的正宗。这一流派,后世称为北宗。

与之相比,唐末五代的荆浩、关同,用水墨或淡彩描绘山水,这种画风受到了在野文人士大夫的追捧,开创了有别于传统画风的新流派。继而出现的董源、巨然等人,在他们的绘笔下,被后世称作南画的画派得以大成。过去的画家在描绘山水时多用钩法,善于表现峭立的岩壁,而南画则不同,他们使用的皴法,善于表现山体的褶皱,力图体现自然圆润的风格。生活于南北宋之交的米芾和米友仁父子,虽然有可能是出自西域的回教徒,但却非常喜好被称作米点山水的画法。皴法也好,米点也好,都反映出了画家的一种苦心追求,他们都想把大地所拥有的自然褶皱,在平面的纸张上表现出它的节奏来。东洋画在表现立体时,没有采用西洋那样的阴翳画法,而是发明了皴法,这使得东西画风朝着明显不同的方向发展。阴翳画法在唐代中期自西域传来,似乎曾经流行过一段时间,但最终不敌皴法,这并不意味着其画技的退步,而是因为受到了多种外在条件左右。其中之一可能是东洋画进入文人社会以后,出于诗画一致的理想而有题赞,绘画与书法同时观赏,并且希望在绘画中保留书法的意蕴。这种倾向在南画中表现得尤其明显。而到了最近,欧洲才逐渐意识到绘画不单是色彩与色彩的配合,有必要在绘画的境界中着意保留线条的趣味性。

　　东洋的绘画,由于发明了纸张或绢帛这些光滑平整的书写材料,很早就脱离了壁画的形式,成为案头的鉴赏物品。但在西洋,绘画却长期未能摆脱壁画的功用,从而不得不以油画盒般的浓烈色彩去描绘比较大的画面。幸而在文艺复兴以后,强大的科学文明推进了艺术的进步,使得艺术不为道具所限制,保持了独立的境界,绘画艺术得以持续发展。东洋画则因为过早地获取了适宜的书写材料,反而倾向于精致的小品画,即使所谓的大件作品,也不过是推拉门上的装饰画或者屏风画,这实在有点儿遗憾。但不容忽视的是,东洋画即使在这样的框架中,也实现了其独特的发展,特别是画卷、绘卷物,[①]是欧洲见不到的特殊形式。

西洋画有西洋画的欣赏方法,同样,东洋画也有东洋画的欣赏方法。例如,我们时常听到有人批评东洋的山水画没有远近法,但实际上它同样存在着一种远近法。西洋画的远近法,好像是照相机镜头中所看到的那样,焦点是固定的,是一种从无限大的距离去观察的远近法。然而,如果我们肉眼面向景色的话,瞳孔几乎不可能像照相机的镜片那样固定不动,而是不停地移动着焦点去观察事物的。只要打开东洋的画卷便可以体会得到,我们的眼睛就好像是活动的摄像械,会不停地向前方移动。东洋画的挂轴大多是纵长方形的,看挂轴时,我们就像坐在飞机上向下俯瞰一样,把焦点连续地向前方推移,因此,远方的山水或人物,即使与近景的山水或人物大小一样,对我们来说也并无不可。只是

---

① 绘卷物:绘制在卷轴上的绘画作品,内容有故事、传说、纪实等,一般由内容说明和图画交替排列构成。起源于中国,日本平安时代以后发展成为日本独特的艺术形式。

远景和近景要绘制在同一个画面上,因此有时候只要把远景画得稍许小一些就能充分表现出来了。反过来说,只要在画作的每一侧都勾画两笔远景,那么,这两笔远景合起来构成的画面就会呈现出越远越宽广的感觉。观赏山水画的人,必须把自己变成画中人,循着小径,从山麓慢慢登上山巅,悠然观景,彷徨而去。东洋画的山水,可以说是由一种立体的远近法描绘出来的。

东洋画中,战争场面或裸体画之类的内容确实没有西洋画那样发达,这不得不说是一种疏漏,但另一方面,发达的山水画冠绝世界,这又足以夸耀。在东洋,山水本来只是作为人物画的背景出现的,但后来山水部分独立出来,成为单独的赏玩对象,这是文化在社会中达到了一定的发展水平后产生的现象。唐代的山水在很大程度上依然具有宫殿楼阁附属物的意义,不过,王维的《辋川雪景图》已经是纯粹的山水画了,到了宋以后,山水画更是发展成为绘画的主流。绘画的题材离开人事,力图去发现自然的趣味,这是人类对虚伪的人事现象经过深刻反省后才能达到的境界。西洋的风景画,是在宗教画和人物画到了穷途末路时才开始出现的,而它的普遍出现则要等到与东洋直接发生交往以后的十七世纪的荷兰。十七世纪,东洋已经相当于清朝初期。宋代以后的中国,元末是所谓南画四大家的全盛时期,明代出现了董其昌等画家,论画则有南北两派,南画已被视为画坛正宗。到了清代,画法也好,画论也好,均已达到了顶峰,同时也迎来了它的衰退期。这一点,也足以证明东洋文化比西洋文化先进。

　　东洋画的先进性不只表现在风景画上。东洋画动辄被指不具备准确的写实性,但从其反面而言,这其中其实存在着一种印象主义。绘画最终是绘画,它不是机械拍摄的相片。即使在以追求天然色彩为最高境界的西洋画中,当绘画技法停滞不前时,他们也开始关注超越了东洋画的形似而出现的印象主义。当然,十九世纪西洋出现的印象主义画,与东洋画是完全不同的,更不能说是完全受到了东洋画的影响而产生的。但是,早在几个世纪以前就已经发达成熟的东洋画给西洋画带来了极大的刺激,西洋人也因此以一种新的美术眼光来重新审视东洋画,并给予了极高的评价,这也是不能否认的事实。

结语
东洋的近世和西洋的近世

　　人类古代历史的发展,以走向大统一为代表,这种大统一通常以征服的形式表现出来,但是,要征服大片的领土并维持其统治,必须具备各种物质上和精神上的先决条件。其中,除人类科学知识的发达、技术的进步、书写计数的技能和资本的蓄积等条件外,还必须同时具备大统一的理念。人类的进步同时也为割据势力提供了机遇,但在古代历史的发展上,具有统一理念的向心力战胜了离心力,其结果就是统一局面的形成。自苏美尔诸国以来,如果没有巴比伦、亚述、叙利亚的文化,古代波斯的大统一不会发生;如果没有希腊文化、腓尼基文化的长期积累,罗马的大统一恐怕也难以实现。东洋也一样,如果没有春秋战国时期社会文化的快速发展,秦汉的统一时代也不会来临。

　　作为人类古代文化总决算的大统一,最终在内外矛盾的交困中趋于崩溃,古代历史的发展到这里宣告结束,历史的发展进入了中世纪的割据时代。在这个割据的世界里，身处地方的人们对地方的政治、文化、社会拥有最多的发言权。过于强大的古代向心的统一力量，必须要有中世纪的割据势力来进行纠正。而纠正的方法，究竟应该是像欧洲那样的封建制度，还是像中国那样倾向于豪族式的贵族地方自治，其实这并不是大问题。然而，从另一方面来说，割据毕竟意味着精力的分散。与古代相比，中世纪的文化发展出现停滞，缺少光辉灿烂的一面，这也是无可奈何的结果。但是，从地方实力的培养上来说，这又是一个不可或缺的时代。生活在中世纪的人们，对时代由古代向中世纪转型这一现象几乎没有自觉，他们以为自己仍然生活在古代社会的延续之中。

　　不过，在中世纪历史发展停滞的背后，依然有一种动力在推动着中世纪历史向前发展，当这种发展达到了一定的程度时，便会出现文艺复兴的现象。中世纪后期的人们，觉察到自己生活的时代是与古代不同的中世纪，从而产生了否定现世、憧憬古代的意识，这就是文艺复兴运动的原动力。文艺复兴是对人类历史的反省，说得更加详细一点的话，那就是对中世纪的自觉，对古代的重新发现，同时还是对近世的创造。由于文艺复兴是人类最早的历史自觉，因此，作为人类社会文化发展上的一个重要阶段，具有里程碑的意义。历史学家把文艺复兴以后的历史发展阶段视作近世，在这一个认识上几乎没有异议，理由也正在这里。

　　如果说欧洲的近世大致始于十三四世纪，而东洋的近世则开始于十、十一世纪的宋代，那么，东洋在一段时期内所具有的先进性和领导性就不容否定。

这里出现的一个问题是，东洋和西洋这两个世界的历史发展中呈现出来的这种现象，究竟是单纯的平行，还是有着内在的关联。在以往的史观中，有一种根深蒂固的观念，就是将东洋和西洋视为彼此风马牛不相及的两个完全孤立的世界。在后来的历史研究中，虽然逐渐认识到这两个世界自古以来就有着密切的交往，但尚未认识到有一种力量在左右着这两个世界的历史发展的趋势。在这里，我们遇到了比实证史学更为重大的问题：历史时期所出现的交往，到底有多大的威力？到底又给对方产生了什么样的影响？针对这样的问题，当今的历史学研究方法却无法加以说明。因为这已经不是实证的问题，而是如何评价的问题。那么，什么样的人才能来做这样的评价呢？除了历史学家再无他人。今后的历史学研究不再应该以实证为能事，必须大胆地对历史现象进行评价。

说到东洋的文艺复兴要比西洋的文艺复兴早三个世纪，自然就会产生这样的问题，即东洋的文艺复兴是否对西洋的文艺复兴产生过启发和影响。东洋和西洋在地理上远隔万里，但是，在东洋的文艺复兴发生后不久，蒙古大帝国横空出世，这一特殊的历史现象，使得东洋和西洋之间的联系空前紧密。介于东洋和西洋两者之间的伊斯兰势力，在蒙古时期一时趋于崩溃，东西之间的交通障碍得以清除，东西交往出现了前所未有的畅通。当时旅行到达东洋最东端的西洋人并不止马可·波罗一个人。考虑到当时的世界形势，我们无法低估交通带来的重大作用，进而想象东洋的文艺复兴对西洋的文艺复兴产生了某种影响，这种影响在绘画方面表现得尤其明显。

由于蒙古帝国的征服，中国的绘画传到了西亚的伊斯兰世界，尤其是在占有波斯的蒙古伊儿汗国，密画美术呈现出空前的发达景象。[①] 由于伊斯兰教原本极度排斥偶像崇拜，因此，在西亚，不仅是人物，甚至连动物类的绘画和雕刻也为人们所忌惮。然而，蒙古的征服让这些地区一时间摆脱了伊斯兰教的重压，以此为契机，中国画的技法传入了西亚，因此而产生的彩色艳丽的密画，作为一种装饰出现在波斯的文学书籍之中。由于长期受伊斯兰教教规的影响，人们在壁画或镜框画这样的大幅绘画面前犹豫踯躅，而通常不会展示在大庭广众之下的插图或袖珍画（miniature）因此兴起。这种新的美术形式，在后来的伊斯兰教复兴中也得到了默许，成为西亚、印度伊斯兰文化圈内的一种特殊艺术，并长期繁荣。

在伊儿汗国的密画艺术达到鼎盛后不久，意大利的文艺复兴绘画进入了第一期。接着，在西亚帖木儿王朝的密画艺术达到鼎盛后不久，意大利的文艺复兴绘画进入了素有黄金时期之称的第二期。由此看来，我们无法否定西亚美术和意大利绘画之间有着

---

① 密画，译自法语 miniature。一种袖珍画或小画像，常用作手写本的插图及近世小型肖像画，也包括装饰工艺品的工笔画。

文化波动上的因果关系。在各种艺术门类中,绘画是最尊重个性的,要想在题材或者笔法这些方面来证明两者之间的相互关系是非常困难的,但从西洋文艺复兴时期的绘画中,我们不难发现人物的服装上有不少来自西亚的因素,从诸如此类的现象上来推测,可以想见两者之间有着非常密切的关联,而西亚的绘画又是在东洋的影响下出现的,因此,我们可以认为,西洋文艺复兴时期的绘画是东洋绘画向西方传播过程中的一波。

在欧洲文艺复兴时期以后出现的种种科学技术中,罗盘、火药、印刷术等,大多没有一个明确的起源,而这些科学技术最早的历史记载,基本上都在东洋或非欧洲文化圈中。从当时大的世界形势来看,这些新的科学技术以及美术等,都是以非常之势从东方流向西方的。可见,世界绝不是分成东方和西方这两个互不接触的地域,人们也绝不是生活在彼此自闭的社会之中。

但无论如何也不能否定的是,在西洋的文艺复兴中,有着各种东洋所不具有的进步因素。尤其值得注意的是西洋的科学性,这要比东洋胜出数筹。朱子知道大地是球形的,但他却没有意识到要用学理去证明它,以为天是围绕着地在旋转。在这些问题上,他远远不及伽利略的地动说准确。这样,具有进步意义的欧洲文艺复兴,很快便取得了进一步的发展,引导社会迈向了下一个发展阶段,即工业革命。

十八世纪后半叶发生在西洋的工业革命,和以法国为中心的政治革命,使世界历史发生了翻天覆地的转变。东洋也好,西亚也好,虽然都产生了文艺复兴,也出现了不同程度的社会改革(reform),但无论是工业上还是政治上,都没有发生革命(revolution)。经过了革命的西洋文化远远地将其他世界抛在了身后,独自向前突飞猛进。

欧洲的工业革命绝不可能是欧洲独自的历史,工业革命也不单是机器的问题,而是整体社会结构的问题。工业革命之所以发生,其背后需要有资产阶级的兴起,需要有与东洋的贸易,从中实现资本的积累。机器要转动,单有动力也不行,还必须有作为原料的棉花,更需要销售产品的市场,而提供原料和市场的实际是东洋。没有与东洋的交通,工业革命是难以发生的。

法国革命的背景也不止于欧洲。成为革命原动力的法国资产阶级,他们的兴起也得力于来自荷兰的、通过东洋贸易积蓄起来的资本。不仅如此,在革命中具有指导意义的人道主义思想中,也有来自东洋思想的影响。革命思想家们思考的乌托邦式的政治理念,是否真的存在于现实中的东洋社会,这一点并不重要,而新航路的发现,新大陆的发现,尤其是与中国社会的接触,给欧洲人思想上的巨大转变带来的影响,则是难以估量的。欧洲历史的发展,一直以来是以其基督教思想与西亚伊斯兰教思想的对立为契机的。与基督教世界对立的是伊斯兰世界,两者持久的对立似乎已成为一种宿命。不是同伙便是敌人,不是真神便是恶魔,在这样的对立世界中,具有人类普遍意义的人道主义思想的产生,当然是非常困难的。然而,当欧洲人开辟了直接通向东洋的新航路后,在这里发现了第三个世界。欧洲人发现,这个世界的人们,既不是基督教徒,也不属伊斯兰教徒;既不是同伙,也不是敌人,他们不是因为野蛮而中立,而是有着高度发达的文明,这是一个既没有基督教也没有伊斯兰教的中立世界。这个世界的人们崇尚的儒家世界观,令因宗教原因而长期苦恼无法解脱的欧洲人羡慕不已。于是,东洋儒家式的世界观被空想化,被理想化,在鼓吹革命、打破现状的征途上发挥了重要的作用,这并非不可思议。当认识到了三个世界以后,一种新的人性意识开始出现。两个人是形成不了社会的,有了三个人才能形成社会,这一原理在这个场合下如实地反映了出来。法国革命不单是政治上的变革,也是文艺复兴以来人文主义运动的结果,这也是没有与东洋的交通便无法成功的人类发展史上的大事。

欧洲爆发的这两场革命,不用说首先让欧洲的势力日益显著。文艺复兴以后,虽然以葡萄牙、西班牙为先头的欧洲扩张势力波及了东洋,但其势力仍然具有相当大的局限性。印度洋沿岸地区以及南洋在他们的面前很容易就屈服了。在印度洋、南洋人的眼中,这样的事件只不过是出现在亚洲边缘地区的偶发事件,而在此前一百年左右,明朝的大舰队不也同样在印度洋上横行过吗?因此这并不是什么不可思议的现象。葡萄牙人在印度洋上成功称霸以后,继续东进,但当他们遭遇中国的巨大政治势力后,便不再像在印度洋上那样顺利了。葡萄牙舰队在广东海面与明军对阵,在蒙受了巨大的打击后不得不后退。在刚刚抵达文艺复兴阶段的欧洲新势力面前,已经经历了文艺复兴的中国社会依然具有充分的抵抗潜力。欧洲人对日本也采取了相同的立场,葡萄牙同样引起了日本的反感而遭到驱逐。得到日本好感的只有荷兰,在时不时地表示出屈辱的姿态后,得到的也只不过是获准与日本进行贸易而已。

　　然而,在工业革命和政治革命发生以后,形势为之一变。鸦片战争和"亚罗号事件"的这两次交锋,证实了处于文艺复兴阶段的东洋已经不是经历革命以后的西洋的对手了。

　　通过与西洋文艺复兴的对照来探讨东洋的文艺复兴现象,我们认为东洋在宋代以后进入了具有近世历史特征的发展阶段,现在,已经到了通过与东洋近世史的对照去探讨西洋近世史的时候了。文艺复兴以后的欧洲史,一般习惯上称之为近世史,但若按照我们的看法,工业革命以后的欧洲与这之前的欧洲有着明显的差异。经过工业革命的欧洲,其发展进入了一个世界上其他地区都未曾经历的新阶段。这不单是近世史的发展,称之为近代史的发展更为恰当。我们在前面曾经指出,在文艺复兴现象上,东洋领先于西洋,然而,在革命方面,不能不承认西洋要比东洋先进得多。东洋在宋代以后经历了一千年的困扰,却依然未能从文艺复兴阶段再进一步,跨入一个更高的发展阶段,而西洋在进入文艺复兴阶段以后,只花了四五百年的时间,便很快地迈进了近代史阶段。个中原因,应该归结为西洋文艺复兴本身所具有的内发性动力,而这股动力要远胜于东洋。不过不应忽视的是,西洋的文艺复兴受到了东洋的影响,且在日后的更进一步发展中,与东洋依然保持着不绝如缕的交往。

交通在历史上的意义,本来就不止于把两者联系结合在一起。交通不是一种仪礼,不是将二见浦的夫妇石用七五三绳连起来就可以实现的,①而是两个用皮带连接在一起的齿轮,一边转动,另一边也会随之转动。将世界上的人类看成是同一种有机的生物,这样或许更加恰当。这种生物在世界各处都能扎根,在一处吸收到的养分,可以马上循环到别的地方。在东洋所吸取的养分结集到了欧洲,在那里成为推动工业革命和政治革命的动力。用长远的历史眼光去看,这个养分一定会再度成为新的活力,渗透到整个世界,这个日子一定会来临。

对历史的思考是人类的本能,不管是什么人,他都不能不思考历史。对历史的思考绝不是历史学家这一特殊群体的权利或义务,然而,在思考历史时,我们往往会不知不觉地被一个个框架所束缚。这一个个框架往往并没有什么学问上的依据,但却被人们不明就里地视为真理,被看成是无需再通过事实来加以证明的公理。事实上,只要它是一个公理,那么,就等于已经告诉人们这只不过是一种假设。然而,人们却往往会觉得历史上的公理独此一家。由于历史研究的对象可以无限伸张,覆盖整个地球,研究

① 二见浦是日本三重县度会郡二见町海边的风景名胜,有夫妇石,日出时尤为壮观,每年元旦迎拜者犹多。七、五、三是贺仪中使用的数字。在节日用草绳将夫妇石连接起来,表示让其团聚。

的题目也数不胜数,因此,被称为历史学家的人,可以身处这个框架内,埋头追求那些微细的因果关系,但却无法跳出这个框架,对框架本身作出反省。然而,历史学家真正的责任,或许更应该检讨那些支配着人们的历史意识、给人们造成诸多先入为主看法的各种条条框框。交通是历史研究中公认的一种框架,在这里,我以交通在历史发展中的意义为中心,尝试着对人类历史上近世史的发展做出论述。不必讳言,这也是以一种公理为前提的学术体系,但我相信,如果上述我们对交通的思考是错误的话,那么,我们也就无法指望今后还能建构出什么样的世界史体系来,构建出来的任何体系也都永远难免支离破碎。